非人力资源经理的
人力资源管理

管理者如何选人、育人、用人、留人

陈琦◎编著

人民邮电出版社

北京

"这是一个最好的时代，这是一个最坏的时代；这是一个智慧的年代，这是一个愚蠢的年代；这是一个光明的季节，这是一个黑暗的季节；这是希望之春，这是失望之冬。"狄更斯所著的《双城记》中的这段话，用来形容当前人力资源管理的处境再合适不过了。

通常来看，企业非人力资源部门的直线经理，在人力资源管理的观念上往往存在一些误区。

首先，直线经理忙于业务工作，认为人力资源工作是人力资源部门的事情，与己无关；其次，直线经理并不清楚人力资源管理的有关规定和工作流程，认为这不是自己的业务范畴，所以经常不自觉地做出违反人力资源管理常识的事情。

与此同时，在人力资源管理操作中，大多数直线经理对人力资源规划等关注较少，只是到了职位空缺时才想到人力资源部门，认为人员不足等问题都是人力资源部门的责任。

以上这些观念误区容易导致直线经理对人力资源部门的过分依赖，弱化了其对员工管理的主导作用，致使员工满意度降低且流失率增加，难以保证员工管理的有效性。

管理大师彼得·德鲁克说过"管理员工是直线经理的职责"。直线经理对业务的管理与人力资源管理如同一片树叶的两面，是相辅相成的。

围绕直线经理如何从事人力资源管理工作，我们可以提出以下问题。

直线经理与人力资源部门的职责如何划分？

直线经理和人力资源部门互相配合的接合点在哪里？

直线经理应该学会哪些必备的人力资源管理知识？

直线经理如何打造一支高效的团队？

直线经理如何在关注任务的同时也关注员工的情感与成长？

随着互联网技术的发展，人力资源管理进入转型期。这是机遇，也是挑战。

互联网带来的产品思维、用户思维、跨界思维，正在全面颠覆过去的管理理论；在个性解放的时代，人性化管理不再只是一句口号；大数据正在向我们走来，很多工作正在被它取代；万物互联给人力资源管理带来了无限的想象空间。

可以确定的是，在知识主导的时代，人才是最珍贵的。但是"人"这门学科，恰恰是很多企业直线经理的短板。

未来人力资源管理到底会是什么样子？直线经理需要提前做好哪些准备？社会的发展前景无限光明，单个人是"破局"还是"出局"，也许结果从这一刻起就早已被注定。学习要趁早，转型从来都不容易，"涅槃"的过程艰难且痛苦，但新生的机会只能掌握在自己手中。

基于这样的背景，在充满机遇的时代，笔者创作了这本书，旨在提升非人力资源部门的直线经理的管理技能，进而提升部门的整体绩效。

陈琦

2019.11

互联网、云计算、大数据、人工智能等新技术的迅猛发展，使人才的重要性被不断强化。加上我国企业发展面临转型升级的竞争压力，无论是制造行业还是新兴行业，人才的价值都是第一竞争要素。

在企业中，每个层级的管理者的工作任务都有两个方面，一是业务工作管理，二是人力资源管理。大多数人认为，只有人力资源部门才会负责人才的选、育、用、留。殊不知，非人力资源部门经理（财务、生产、销售等职能部门的经理，即直线经理。本书所谈到的非人力资源经理即直线经理）也应该具备人力资源管理的专业知识，否则就不是一个称职的管理者。

企业组织自创立起，就离不开选人、育人、用人和留人。人力资源工作贯穿企业整个经营过程。一个富有生命力和战斗力的企业，其人力资源工作会被置于企业的战略地位，而每个部门的领导都应该懂得人力资源管理的相关知识，懂得选人、育人、用人和留人。

本书基于直线经理的人力资源管理能力，分别从直线经理遇到的认识难题、重新认识人力资源、选人、育人、用人、留人、新时代非人力资源管理的进化方法论、非人力资源管理大数据这8个方面，对直线经理的人力资源管理问题进行了全面阐述。

书中既有理论的阐释，也有方法、工具的展示与讲解，更有丰富、全面的案例帮助读者透彻理解。同时，书中还融入了数十种极具价值的表格和图片，能够形象、直接地传达出理论和方法的内涵，让读者易学、易懂，学以致用。

企业内各部门直线经理可通过阅读本书，树立正确的人力资源管理观，运用“选、育、用、留”的人力资源管理方法和工具，提升员工的工作效率，提高部门的核心竞争力。

　　本书适合各企业非人力资源部门的管理者、大型企业的中层领导、各社会组织中的管理者、人力资源相关领域的研究者与爱好者阅读。

　　本书的内容难免会有疏漏和不足，欢迎各位读者批评指正。

编者

目录

第1篇：基础篇　非人力资源管理与人力资源

第1章｜直线经理也会遇到这些人事难题

在企业中，遇到人事难题的不仅是HR（Human Resource，人力资源）经理。有的部门总是找不到合适的员工，有的部门难以实现预定的业绩目标，有的部门一直面临居高不下的员工流失率……这些难题在很大程度上与部门负责人（非人力资源经理，即直线经理）不善于进行人力资源管理密切相关。

第2章 重新认识人力资源

市场竞争归根结底是企业之间对人才的竞争。企业若想在竞争中取胜，除了在初创期和扩张期大量引入外部人才外，还需在内部挖潜、培养人才，这才是企业长远、稳健发展的根本。直线经理面对的是客观角色，而非自我主观角色。这就更需要他们在企业运营的大背景下，重新认识人力资源管理工作。

第2篇：技能篇　非人力资源管理与选、育、用、留

第3章｜选人：如何慧眼识才、招贤纳士

　　选用人才时，直线经理必须有明确的选拔人才的标准。为此，在甄选人才之前，直线经理必须确定用于评估选择的具体条件和内容，其中包括硬件条件如学历、年龄、工龄、职称、职位等，也包括软件条件如岗位所需的任职能力、企业所要求的职业素养等。直线经理只有正确运用这些条件量化人才的价值，才能做到慧眼识才、招贤纳士。

第 4 章　用人：如何适岗适才、把握核心

　　对于后备人才，直线经理应进行有针对性的培养，尤其应注意不同培训方式的选择和运用。一般情况下，面向管理人员的培养，更多应侧重领导能力的培养，通过轮岗来使其熟悉不同的岗位职责，掌握更多管理方面的知识和经验；面向基层员工的培养，更多应集中在工作和服务技能上。培养，也需要依用人情况进行调整，所以我们先从用人说起。

第5章 育人：如何创造佳绩、成就下属

有人说"未来市场中的稀缺资源不再是资本，而是优秀的人才"。然而，在建立人才培养体系之前，不少企业多用培训代替人才培养。这导致员工并不积极参与培训，而企业也看不到培训带来的益处。直线经理应认识到管理本身就是育人。如果能将培训体系与员工发展结合起来，那么员工对培训的接受度也会大大提高。

第6章 留人：如何设置激励机制，留住人才

在员工成长和锻炼的过程中，管理者既应给予必要的关注和辅导，也应构建业绩导向的回报机制，营造多元的激励体系，帮助员工创造高度的个人成就感和社会价值。同时，管理者应通过优胜劣汰机制，让员工体会到内部的竞争压力，以保持整个组织的活力。

第 3 篇：提升篇　非人力资源管理的转型升级

第 7 章｜新时代非人力资源管理的进化方法论

社会的发展日新月异，变化才是永恒不变的真理。近年来，互联网的飞速发展已经对人们的生活方式、思维方式、工作方式乃至企业的经营方式产生了深刻影响，带来了巨大改变。在新时代背景下，直线经理不能再继续套用工业时代的管理方法和用人理念去工作，"穿新鞋走老路"的做法不可取。

第 8 章 | 非人力资源管理大数据：如何改变吸引、猎取、培养和留住人才的方式

　　移动互联网、大数据、人工智能等技术正将人类社会带入一个大变革时代。"互联网＋"、跨界融合、共创共享等新理念不断颠覆着人们固有的认知，重新定义了许多概念。在人力资源管理领域，人们同样面临着时代变革的挑战。

后记　迎接非人力资源管理新时代

第1篇：基础篇

非人力资源管理与人力资源

　　企业人力资源管理工作的最终目的是为实现企业战略目标提供人才保证，促进非人力资源管理的效率提升。因此，企业在进行人才培养之前，必须先对整体战略目标进行正确的表述，确保人力资源工作连接战略、紧贴业务，优化人才培养的效果。在此基础上，企业应制定人力资源战略规划，以满足未来人才需求的数量、质量。

第 1 章

直线经理
也会遇到这些人事难题

在企业中，遇到人事难题的不仅是 HR（Human Resource，人力资源）经理。有的部门总是找不到合适的员工，有的部门难以实现预定的业绩目标，有的部门一直面临居高不下的员工流失率……这些难题在很大程度上与部门负责人（非人力资源经理，即直线经理）不善于进行人力资源管理密切相关。

1.1 新晋直线经理如何调整心态

直线经理是指财务、生产、销售等职能部门的经理。这些职能部门是非人力资源部门。许多直线经理原本就是企业的业务骨干，个人业绩非常突出，由此而获得提拔。他们会为此感到欣喜，试图尝试"新官上任三把火"，但他们在真正面对工作团队时，却又会因为无从下手而感到迷茫。这些经理会产生如下疑问：怎样对待以前一起奋斗的同事？怎样配合公司的整体目标？怎样应对团队中的冲突？如何公平、公正、公开地激励员工？

对直线经理们来说，升职不仅仅是工作岗位的改变，工作环境也随之发生了翻天覆地的变化。此时，找准方向并调整心态是至关重要的。

1.1.1 由员工变经理——心态调整的必然性

新晋直线经理如何伴随角色转变而完成心态调整？

新晋直线经理必须学会促进其他人成长，其心态调整也应围绕这一目标进行。

从成为直线经理的那一刻开始，你就应该从关注自己转向关注团队成员。之前作为一名普通员工，你需要努力提高个人的工作业绩、突出工作成果；成为一个部门领导后，你需要充分调动团队的积极性，提升每个团队成员的业绩。

肖子虎原是一家保险公司销售三部的优秀业务员。由于销售十一部（简称"十一部"）的经理离开公司，公司总经理在考察了所有业务员的业绩后，将他提升为新成立的十一部的经理。

十一部是刚成立的销售部门，总经理出于加强整个十一部营销实力的考虑，将其他部门几名业绩也很不错的业务员调到了十一部，特别是龚飞和路军这两员"干将"。

刚刚被提拔到管理岗位，肖子虎深知自己肩上有千斤重担，觉得不能辜负总经理对他的信任和期望。因此，他会认真研究公司总经理的一切指示，然后一字不漏地传达给下属，要求下属一定要按总经理的指示去做。为了便于管理，他还将团队分为两个小组，安排龚飞和路军当组长。公司安排给肖子虎的很多事情，他都会交代给两个组长去执行。由于彼此共事多年，肖子虎觉得应该信任他们，也很少询问这两个组长有没有解决不了的问题、需不需要帮忙等。

过了一段时间后，十一部的业绩开始下滑。总经理便找肖子虎谈话。肖子虎满脸委屈地说："我把工作都安排下去了，但这些人就是完不成。"

整个团队的业绩虽然不好，但龚飞和路军两个人的销售业绩仍然十分抢眼。肖子虎受到总经理的批评，在担心团队业绩的同时，又开始担心龚飞和路军因为个人业绩突出而取代自己。他开始怀疑这两个人是故意不努力带好组员，让自己在领导面前难堪。

有了这样的情绪，肖子虎在日常工作中对龚飞和路军有了偏见。他采取了加重个人任务等手段，试图让龚飞和路军能重视他的管理。为了巩固自己的地位，他甚至在员工中捏造事实中伤龚飞和路军。知道这些情况后，龚飞和路军也开始在团队中"拉帮结派"。很快，十一部形成了三个"小帮派"，人员分崩离析，部门业绩迅速下滑，问题比以前更加严重了。

从案例中我们可以看到，肖子虎的问题根源并不在于他不愿意努力，而在于他被提升为直线经理后，没有从心态上很好地完成角色转换，从而造成了失败。这个案例非常典型，其中暴露出的问题也是企业骨干被提升为直线经理后常见的通病。

那么，新晋直线经理该如何打开心结，快速完成角色转变呢？积极改变对自身和同事关系的看法，认识到自己应该对一个团队负责，是调整心态的重要基础。在此过程中，新晋直线经理必须竭力避免将自己和下属对立起来，只有努力融入团队、影响团队、带动团队，才能迎来实质性的改变。同时，新晋直线经理还要懂得克服心态转变过程中遇到的三个心结。

1.1.2　心态转变中遇到的三个心结

无论个人经历与工作能力如何，随着从员工到直线经理的身份变化，管理职责和视角也必然会发生重大转变。一言以蔽之，员工更多只需管理好自己，而新晋直线经理则在管好自己的同时，更要引导团队。这需要新晋直线经理及时调整思路，有效观察部门的内外部形势，在此基础上整合资源、找到方法、突破重点。顺利完成这一转变，就能有效提升新晋直线经理的人力资源管理能力。

相反，如果一开始的心态转变就因碰到心结而止步不前，那么即使是优秀的业务骨干也可能变成不合格的直线经理。图 1.1-1 所示为心态转变中常遇到的三个心结。

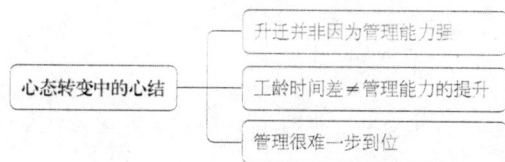

图 1.1-1　心态转变中的心结

1.升迁并非因为管理能力强

从员工升迁为直线经理，通常都是因为专业能力突出而受到领导重视。当然，也有员工可能因为工龄最长、资格最老而成为最合适的人选。甚至可能仅仅是因为前任直线经理跳槽，而你受到了企业领导的信任。

无论升迁背后是何种原因，都很容易出现个人并不具备管理素质而硬着头皮上的情形。作为当事人，你不需要因此而感到担心和恐慌，也不应该为此退缩不前。管理能力都是在实际工作中培养锻炼获得的，没有人生来就拥有恰到好处的管理能力，更不可能在获得任命后一夜成长。

因此，即将升迁为直线经理的员工，既要坚定信心，相信自己能够做好包括人力资源管理在内的部门管理工作，也要认识到自身知识和能力的欠缺与不足，并为此积极地提升自身能力，克服胆怯、懒惰、自大等可能出现的问题，这对于转变心态和提升管理能力是非常重要的。

2. 工龄时间差 ≠ 管理能力的提升

工龄时间差通常是指直线经理与员工相比有更长的工龄。在公司工作时间越久，工龄时间差越大，越容易让直线经理产生自己的"管理能力更强"的错觉。实际上，工龄增长并不一定代表员工接触到的工作内容更多，不少人在公司里工作了五六年，其所做的工作与前两三年差别不大，尤其是管理能力更不会随着工龄的增长而自动提高。只有认清这一点，直线经理才能打开心结，避免心态无法适应现实工作。

3. 管理很难一步到位

由于前述两大客观原因，直线经理要想具备相当的人力资源管理能力，就要投入一定的时间参加专业培训和学习。

新晋直线经理虽然不是人力资源经理，但是要想带领团队顺利工作，就要对团队的成员负责，让他们喜欢这个组织，成为有战斗力的团队。直线经理的核心职责是"带队伍"而不是"做事情"。这意味着直线经理是团队人力资源的第一负责人，要为下属的绩效和成长负责。现实中，很多直线经理上任后并没有这个观念，没有在角色认知、知识技能和心态转变上做好准备，导致无法提升管理能力，问题层出不穷。

因此，直线经理要从部门人力资源"选、育、用、留"等各方面入手，系统掌握有关理念、知识和技能，克服企图"一步到位"的心结，提升管理能力，打造高效和有核心竞争力的团队。

1.2 直线经理如何与人力资源部门配合

直线经理必须懂得与人力资源部门配合，方法如图 1.2-1 所示。

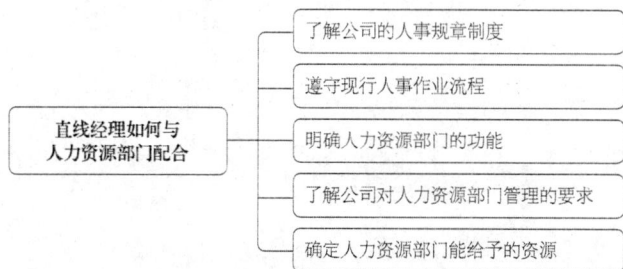

图 1.2-1 直线经理如何与人力资源部门配合

为了做到这些，直线经理需要学习人力资源管理方面的相关专业知识，了解并熟悉核心知识。实践证明，直线经理对这些知识掌握得越牢固，信息搜集得越全面，与本企业人力资源部门的配合越紧密，对整个企业在人力资源管理方面的帮助就越大。

1.2.1 了解公司的人事规章制度

人事规章制度是公司管理的重要内容，在整个企业的管理中具有重要地位。可以说，了解人事规章制度是直线经理的第一要务。

公司的人事规章制度通常包括招聘制度、培训制度、绩效管理制度、薪酬和职级管理制度、员工发展制度、人力资源规划制度、组织和职位管理制度、人力资源信息管理制度、员工关系管理制度等。

直线经理若想要和人力资源部门紧密配合，就必须明确公司现行的人事管理规章制度。企业必然会随着外界环境的改变而对人事管理制度进行适当的改变和调整，所以，直线经理只有将人事规章制度熟记于心，捕捉到每一次变化背后的意图，才能够在人力资源管理过程中做到有章可循，工作起来才会游刃有余。

1.2.2 遵守现行人事作业流程

公司的人事作业流程应该是严谨、有序并得到有效执行的，唯有如此，才能确保公司的稳定运营。直线经理在员工招聘、培训和确定薪酬的人事作业流程中，对于自己应该在哪一阶段出现、应该主动或配合完成哪些工作、应该做出哪些决定，都要严格遵循人事作业流程的顺序。

直线经理在和人力资源部门的沟通互动中，也要重点了解公司的人事作业流程，确保理解、清楚每个环节并准确执行。

1.2.3 明确人力资源部门的功能

总体而言，企业人力资源部门的功能主要包括招聘任用、训练发展、绩效评估、薪资福利、劳资关系等。

其中，招聘和培训是人力资源部门最主要的业务。实际上，这也是国内企业人力资源部门专业能力普遍较强的两个方面，而在诸如薪酬、绩效以及福利等方面的业务水平，则需要进一步强化和提升。

1.2.4 了解公司对人力资源部门管理的要求

1. 管理好公司的资产 ——员工

对公司而言，人就是财富，员工就是资产，直线经理在人力资源管理方面的责任就是管理好这份资产。管理内容囊括了将员工选进团队到训练其成长、运用其能力再到提升其职务，抑或将其辞退，即"选、训、育、用、留、退"的全过程都与直线经理紧密相关。

2. 尊重人力资源专业性的规章制度

直线经理还要尊重人力资源管理部门的专业性规章制度，确保自身工作与规章制度不产生冲突。

不少企业都会出现相互冲突的管理现象。例如，公司人力资源规章制度规定员工提前办理申请手续即可请假，但直线经理觉得工作太多，就拒绝批准或者禁止员工请假。这就等于破坏了公司的请假制度，会降低员工的士气，甚至造成人才流失。

直线经理应该尊重人力资源管理专业性的规章制度。在此基础上，人力资源管理工作到位，直线经理所负责的部门乃至整个公司就会是气氛融洽、合作愉快、士气高昂的团队。

1.2.5　确定人力资源部门能给予的资源

人力资源管理并非只是处理相关行政事务，更重要的在于对人力资源进行规划，制定并执行相关制度。目前，国内许多企业的人力资源管理水平仍有发展空间。有些企业的人力资源管理工作才刚刚起步，缺乏专业经验和人力资源专业人员，有的甚至只有一位行政助理，无法获得足够的工作支持。

面对这些问题，企业最常用的办法就是将人力资源管理课程纳入直线经理的培训中。这样能够使企业的直线经理在短期内提高人力资源管理能力，以改善人力资源管理专业水平不高的现状。

鉴于以上特点，直线经理与人力资源部门的合作方式大致有以下几类。

1. 定期的会议交流

许多企业会定期召开直线经理会议。在会议上，人力资源部门必须将其在这段时间需要请其他部门配合的工作进行报告。同样，直线经理也可以提出在人力资源管理方面发现的问题或遇到的困难，请人力资源部门给予专业支持。

2. 正确处理人事问题

在某些情况下，员工可能会跳过直线经理，直接找人力资源部门提出人事相关的问题。面对这种情况，直线经理要心平气和地看待，切忌不问缘由就指责员工，而是要先了解实情再决定如何处理。

3. 参与制定规章制度

在制定某项工作流程的规章制度时，直线经理如果能与人力资源部门分工协作，平等讨论，积极提出意见，对企业人事规章的制定显然会有很大的帮助。

例如，企业要设计出差管理规定，必然涉及出差的流程、时间长短、申请审批、出差费用的报销办法等，这就需要非人力资源部门如业务部、财务部的直线经理的参与。

第 2 章

重新认识人力资源

市场竞争归根结底是企业之间对人才的竞争。企业若想在竞争中取胜，除了在初创期和扩张期大量引入外部人才外，还需在内部挖潜、培养人才，这才是企业长远、稳健发展的根本。直线经理面对的是客观角色，而非自我主观角色。这就更需要他们在企业运营的大背景下，重新认识人力资源管理工作。

2.1 如何重新认识人力资源

人力资源是指在一定时期内组织中的人能够被企业所用，且对价值创造起贡献作用的教育、能力、技能、经验、体力等个人因素的总称，即企业组织所需人员具备的能力（资源）。

在重新认识人力资源的基础上，直线经理应该进一步了解人力资源管理的方法，审视非人力资源部门和人力资源部门的职责区别。

2.1.1 什么是人本管理

什么是人本管理？

企业的人本管理是以人为本的管理方式、思维与制度。在企业内，管理者应该将员工作为组织运行最值得倚重的资源，以充分满足与调和组织、员工及利益相关者的需求为突破点，通过考核、激励、培训等管理手段，充分挖掘每个员工的潜能，调动他们的积极性，由此创造出和谐、宽容、公平的企业文化氛围，使大多数人感受到外界环境的有效激励，从内心产生积极的动力，努力实现组织和个人共同发展的整体目标。

人本管理有诸多特点，如图 2.1-1 所示。

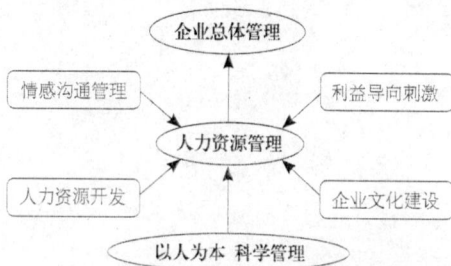

图 2.1-1　人本管理的特点

总之，人本管理的理念在于既要尊重员工应有的自我空间，又不能把个人凌驾于组织之上。为此，在实施"以人为本"的管理过程中，要形成集思广益、众志成城、团结共进的企业氛围与人际关系。

在直线经理所参与的管理中，也要在提高员工积极性、创造性的重要基础上，打造具有和谐人际关系和高度凝聚力的员工队伍，实现协调共进。这才是非人力资源管理者实施人本管理的重要发力点。

2.1.2　人力资源优势理论

在人本管理理念的指导下，直线经理应充分重视优势理论的作用。该理论认为，任何人都生而具备一定的特殊优势；管理者如果能付出努力识别、开发和使用这些优势并形成优势干预，就能够对员工的心理和行为产生积极影响，提升工作效率。在人力资源管理实践中，优势理论主要包括六个方面的内容，即绩效考核、绩效反馈、培训开发、领导、授权以及招聘和人员配置。

与优势理论相反的是木桶理论。木桶理论认为，一个木桶的盛水量多少完全取决于最短的那块木板。人力资源管理如果一味信奉木桶理论，将之生搬硬套到对员工个人职业发展的指导上面，很可能适得其反。

职场新人 A 不擅长人际交往，他的上司套用木桶理论，要求 A 必须补上社交这个短板。于是 A 通过看书、学习、参加培训等各种途径去提升，但是收效甚微，业绩也一直上不去，最后被辞退了。

另一个职场新人 B 也不擅长交际。但他的上司在分析了 B 的优势后，发现 B 逻辑清晰、文笔功底好，于是安排 B 帮助客户写软文，客户很喜欢。有了良好的口碑后，老客户又介绍来了新客户，于是公司的业务越做越大。

对企业而言，员工能否在短时间内充分发挥价值，其决定因素是取长而非补短。如果让员工努力弥补短板，即便成功，也可能花费大量时间；一旦失败，还会造成员工士气低落、错失机会。

相反，利用优势理论激励和引导员工发挥优势，就很可能在其擅长的领域取得成功、贡献价值。事实上，当团队中每个人都能把个人优势发挥到极致，团队离成功也就不远了。因此，优势理论在人力资源管理中更胜于木桶理论，更容易落地执行。

其实，除了员工，管理者本身也会从优势理论中受益。苹果公司创始人乔布斯不擅长交际，脾气暴躁，但是这并没有阻止他的成功，因为他充分发挥了卓越优势——创新精神。

在优势理论的指导下，管理者应充分认识员工的优势并加以发挥，使其在工作中建立自信，越来越优秀。一个人在将优势发挥到极致的过程中，能够产生积极的连锁反应，并带动自己改正缺点、克服不足。

当然，优势理论并不意味着管理者不用管员工的"短板"，而是要在处理短板时，首先学会判断这根短板是不是团队的"致命缺陷"。"木桶效应"的出现有一个重要条件：当所谓的短板短到装不了水，或是短到木桶都无法使用了，才有必要去补充这根短板，因为这种短板成了"致命缺陷"。相反，如果短板并非决定业绩和价值的最关键因素时，优势才更值得注意。

因此，在处理短板时，管理者要学会判断其是否属于关键问题。如果是，那么在发展员工的优势前，必须先把短板补齐；如果不是，管理者就应暂缓处理，尽可能先发挥员工的优势。

2.1.3　如何区分非人力资源部门与人力资源部门的职责

人力资源部门和非人力资源部门同样具备人力资源管理职能，在具体职责上的区别是什么？

人力资源部门的主要职责如图 2.1-2 所示。

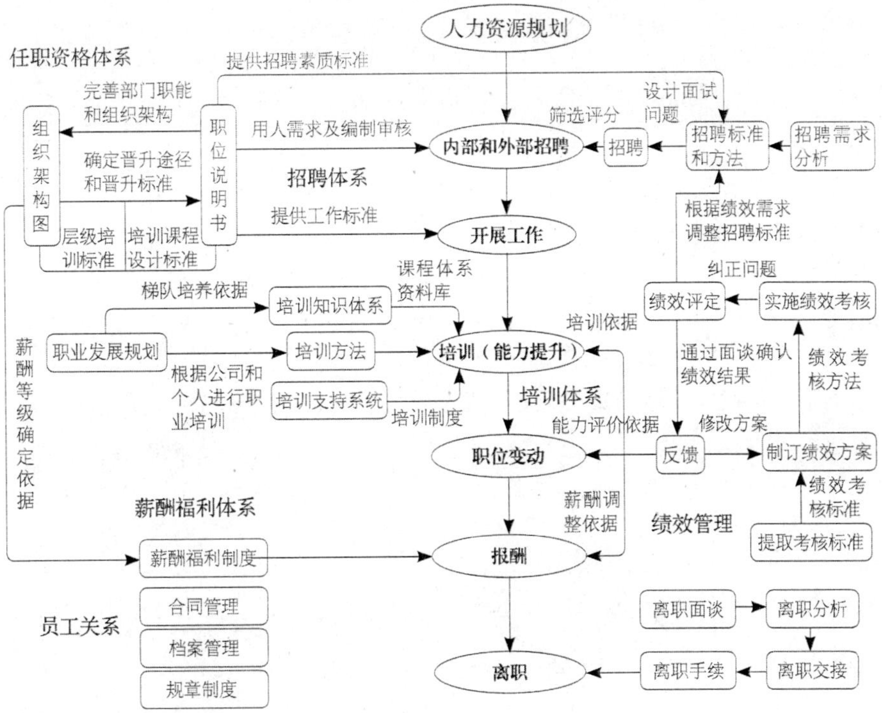

图 2.1-2 人力资源部门的主要职责

　　而非人力资源部门内与人力资源相关的工作包括制定部门目标、分解部门目标、实施绩效考核、建议绩效应用。另外，企业直线经理要时刻关注部门员工的"选、育、用、留"，确保团队取得优秀的绩效。

　　在工作中，人力资源管理部门和业务部门也经常会共同分担人力资源管理工作。例如，人力资源规划和工作分析主要是人力资源部门的工作，但又需要业务部门提供重要信息。

　　招聘工作主要由人力资源部门发起，但业务部门有权决定最终人选。入职培训应该由人力资源部门组织，由业务部门负责实施。薪酬系统由人力资源部门架设结构，但业务部门决定加薪和晋升的具体名单。

　　绩效评估的原则制度通常由人力资源部门建立，但具体实施则是在业务部门。这些情况说明人力资源部门和业务部门在人力资源管理工作上会有多种交集，值得直线经理仔细研究。

2.2 "人事问题与我无关"

面对人力资源管理工作,直线经理常常会说"人力资源管理是人力资源经理的事情""我们只需要做好本职工作就可以了""业务才是最重要的"……这体现出直线经理对人力资源管理的认识误区,即所谓"人事问题与我无关"。

2.2.1 直线经理的重大认识误区

直线经理认为人力资源管理是人力资源部门的事情,与自己的日常工作没有多少关系。这其实是一个重大的认识误区。

直线经理负责整个部门的管理工作,其中包括对部门员工的集体管理,同样包括具体的人力资源管理。因此,设立人力资源管理部门并不是拿走直线经理的职责,而是从企业分工、职责划分更为明确和集中的角度,从战略上设定了人力资源管理部门的工作范围,绝不意味着直线经理可以就此不管人力资源工作。

2.2.2 直线经理如何纠正认识误区

为了纠正认识误区,直线经理需要认清自身和人力资源经理的工作内容。

人力资源经理的工作是结合公司现状与长期发展目标,制定完善的人力资源规章制度和标准化操作流程,并在此基础上履行部门职责,包括人力资源规划、员工招聘、录用、考核、培训、薪资、离职等例行性管理工作。

同时,人力资源经理还要站在企业发展战略的高度来分析、诊断企业的人力资源现状,并制订具体的人力资源计划,为直线部门提供实现目标的条件以及增值服务。

直线经理的基础工作是实现本部门的工作目标，同时在部门内部执行公司层面的人力资源管理制度，并接受人力资源经理的指导与监督。

人力资源经理与直线经理的分工有显著不同，但并不代表人力资源管理只是人力资源经理的事，与直线经理无关。同样，人力资源经理也不能将人力资源管理看成制定了规章制度就一劳永逸，而应该将企业人力资源管理看成是永不停歇、螺旋上升的过程。

在此过程中，直线经理与人力资源经理需要通力配合，无论是在制度制定上还是在制度执行的过程中，都不能脱节；反之，如果出现问题就盲目指责人力资源部门，只会让情况越来越严重。

案例：人力资源问题到底由谁来负责

A公司的例会上，业务部门负责人朱经理说，由于今年指标任务重、计划变化很大，部门的很多岗位缺编，新招募的一些员工在技能、经验、态度方面都不甚理想，部门运营的具体工作中出现了许多问题。

朱经理毫不客气地指责："这些问题都是人力资源部门造成的。现在，整个业务团队的任务非常重，导致大家怨声载道，要是完不成指标任务，你们看着办吧。"

人力资源部门经理刚想解释，朱经理就说道："我不听解释，我只懂完成指标任务，人事的问题应该由你们部门搞定。"

朱经理的指责并没有让公司的人员情况有所改善。两个月后，连人力资源部门经理都选择了跳槽。

朱经理的态度体现出直线经理对人力资源工作的典型错误认识，动辄抛出"人事问题与我无关"的观点，只会导致公司内部产生裂痕。人力资源管理方面的问题不仅是人力资源部门的责任，同样也是直线经理的责任。

再来看一个案例。

一家服务性公司每年的人员流动率高达 50%。为此，该公司每年付出的成本超过 20 万元。

人力资源部门在直线经理中进行了专项调查，搜集他们对此问题的看法。直线经理们把高流失率归因于与员工职业发展有关的重要问题，如招聘方式、薪酬结构、培训机会、绩效反馈评价以及晋升通道等。

值得注意的是，本部门员工流失率偏高的直线经理大都更倾向于认为应该由人力资源部门来负责解决上述问题，而并不认为这些问题与自己的行为有关。与此相反，那些员工流失率较低的直线经理则认为应该由自己主导、人力资源部门给予配合支持来共同解决这些问题。

这一案例说明，直线经理的效率差异在很大程度上源自其对人力资源管理工作责任归属的看法不同。低效率的直线经理喜欢将之全部推给人力资源部门，自己坐享成果；相反，高效率的直线经理则会经常使用图 2.2-1 所示的方法来积极解决问题。

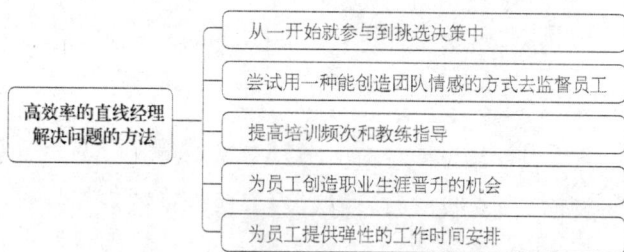

图 2.2-1　高效率的直线经理解决问题的方法

2.3 优秀直线经理的七大角色

优秀直线经理的管理能力并非与生俱来，而是因为在不断扮演职业角色的征途上，他们积累了丰富的经验，获得了优秀的管理成果。

通常而言，这些职业角色包括以下 7 种，如图 2.3-1 所示。

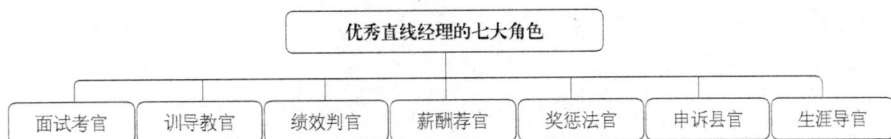

图 2.3-1 优秀直线经理的七大角色

2.3.1 面试考官

直线经理作为"面试考官"的角色，其职能集中体现在对招聘与录用工作的参与上。

当所管辖的部门岗位出现员工短缺时，直线经理必须迅速建构补充的目标，包括想要招聘什么样的人才、衡量人才的标准等。为此，直线经理还要研究如何去面试，以及掌握何种面试技巧、树立何种评价标准等。只有做到这些，才能为部门补充合适的人才。

作为面试考官，直线经理的角色作用主要是以下 3 个方面。

当伯乐——要有洞察力，能慧眼识人；

当法官——要依法办事，能公平公正；

当演员——要随机应变，能控制现场。

"当伯乐"，意味着要在面试的短时间内观察出对方的个性、能力、潜力特点，并以此为依据，判断其能否适应岗位、融入团队；"当法官"，要求直线经理严格执行招聘制度和流程，以同一种标准去衡量所有应聘者；"当演员"，即直线经理应积极配合人力资源部门的同事，在招聘现场互相补位，随机应变，确保招聘流程的高效推进。

总体上看，为了扮演好面试考官的角色，直线经理需要具备充分的同理心，既要了解企业能够凭借哪些要素吸引人才，也要清楚人才会看重企业的哪些特点，图 2.3-2 所示为吸引人才的 5 个要素。

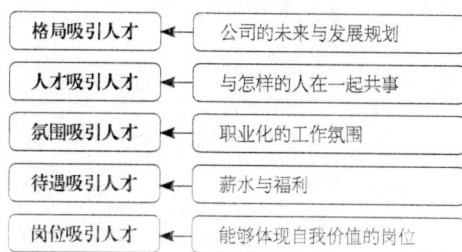

格局吸引人才	← 公司的未来与发展规划
人才吸引人才	← 与怎样的人在一起共事
氛围吸引人才	← 职业化的工作氛围
待遇吸引人才	← 薪水与福利
岗位吸引人才	← 能够体现自我价值的岗位

图 2.3-2　吸引人才的 5 个要素

2.3.2　训导教官

作为训导教官时，直线经理的职能是培育员工使其成长。

员工在你的团队内工作，在你的部门成长，你如何让员工有效成长，提升他们的技能，改变他们的态度，让他们养成很好的工作习惯？答案是成为他们的"教官"。

作为"教官"，直线经理要通过与员工建立相互信任的关系，激励他们在工作与日常学习中力争进步，获得优异成绩。直线经理对员工团队的管理是一系列有方向性和策略性的过程。在这个过程中，直线经理应洞察员工的心智模式，积极挖掘其潜能，发现其可能性，确保有效达成目标。

直线经理在担任"训导教官"时，应遵循 GROW 模型，如图 2.3-3 所示。

图 2.3-3　GROW 模型

其中，G（Goal Setting）是指目标设定，即员工希望谈话或指导所起到的作用、所达成的效果。因此，直线经理应该懂得激发员工说出想达成目标的方法。可以使用的句式诸如"你希望从本次谈话中得到什么""你希望我怎样帮助你""怎么设定你的目标"等。

R（Reality Check）是指描述现状。直线经理应该引导员工对事实加以描述而非判断，可以要求员工用"什么""何时""哪里""什么人""多少""怎么做"等进行描述。如果可能，还可以触及员工的情绪体验，例如询问"你的感受是什么""你最担心什么""什么能让你感到高兴"等。

除此之外，可以利用"什么因素影响你的决定""你用了哪些方式"等句式。需要注意的是，应尽量避免使用"为什么"句式，否则很容易引起员工的防御心理。

O（Options）是指列举选择。基于上述两步，直线经理对员工的情况有了清楚的认识，谈话就能够转向员工可以做出的选择。下面这些问题能够帮助员工进行探索选择并形成解决方案，包括"你有什么选择""你认为接下来你需要做什么""你的第一步可能是什么""还有谁可以帮忙"等。

W（Way Forward）即行动计划。在该步骤中，直线经理应能核实承诺，并帮助员工为下一步建立清晰的行动计划，可以提出的问题包括"告诉我你将怎么做""你的计划成功的可能性有多大""你预期有什么障碍或需要提前规划什么"等。

这时，较好的状态是直线经理只需轻松提问，员工就会绞尽脑汁地考虑问题，在思索中得到有效的启发。

2.3.3　绩效判官

当直线经理扮演"绩效判官"角色时，其职能是管理绩效。

直线经理的人力资源管理工作离不开对绩效的管理。直线经理如何做好绩效管理、如何做好"绩效判官"，如何给部门员工制定工作目标，沟通计划、评估面谈等，将会影响到整个部门与团队绩效评估的公平、公正。最重要的是，绩效考评结果能否充分体现价值，还在于其是否能被有效利用。

为此，在绩效管理的思想上，直线经理应着力改变传统思维模式和行为方式，加强责任意识，塑造职业行为，努力为员工提供公平的绩效管理平台。确保员工能够通过考评、改进绩效，营造出能够激励员工奋发向上的内外环境。

在绩效考核标准上，直线经理应针对员工的工作性质，设计出客观考核体系，对考核对象的德、能、勤、绩进行全面考核，并从工作态度、能力和绩效三个方面进行指标量化，完成考核评分。在此过程中，直线经理还有必要根据各个层次岗位的要求和职能的不同特点，分别设计考核要素，突出考核重点。

在绩效考核方式上，直线经理应采用全方位评估的考核方式，将部门领导、同事和绩效评估小组的评判有机组合，进行共同考核评分，使得与被考核者发生工作联系的对象都能参与到其绩效评价中，从不同角度对每个员工的工作情况进行全方位考核。

在绩效考核内容上，直线经理应该引入注重合作精神的考核指标：不仅应对员工个人的绩效进行考核，也应对员工所处的工作小组或部门进行考核，确保员工与团队的绩效之间能够有机结合，使绩效考核能够对营造良好的团队精神产生积极影响。

为了让绩效考核更加公平，直线经理应将绩效考核结果与员工晋升和奖惩结合起来，使绩效考核成为员工职务调动、收入确定的主要依据。同时，直线经理还应重视发挥考核结果分析和处理的价值，重视双向沟通，促进员工自我成长。

总之，直线经理应从传统观念中转变过来，将"绩效判官"所承担的责任看作是本部门人力资源管理工作的核心，将之上升到现代企业人力资源管理的高度，确保评价的公正和真实，发挥激励和带动的良好效果。

2.3.4　薪酬荐官

直线经理在扮演"薪酬荐官"的角色时，其职能是制定薪酬。

作为直线经理，你不仅需要清楚本部门岗位和员工的构成，还应了解如何制定他们的薪酬标准。作为"薪酬荐官"，你必须有权给你的员工定薪，或者起码有就员工薪酬提升给出建议的权力。

直线经理对员工薪酬进行管理的目的，一方面是为了提升员工的工作积极性，另一方面也是为了更好地经营部门、带领团队。员工自然会重视薪酬多少、何时发放、有无明确规定，并期待公司能够严格执行。如果本部门无法按照事先的规定发放薪酬，不能按照制度标准进行分配，或者没有按时发放，那么不仅会影响整个团队的工作积极性，还有可能导致劳动争议。

因此，直线经理在管理薪酬时，必须首先制订科学的管理计划。该计划应该参照同行业的平均工资水平，按照员工的工作量、完成的工作绩效等进行多方面综合评价，完善本部门薪酬制度的具体执行规划。图 2.3-4 所示为全面薪酬体系的主要构成，可供直线经理参考。

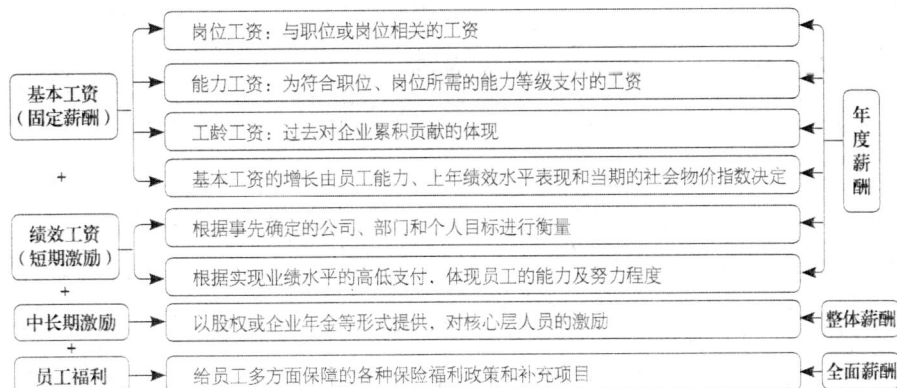

图 2.3-4　全面薪酬体系的主要构成

其次，直线经理在薪酬问题上的权限应该有明确的边界，包括可以做什么、不能做什么，既不能随便推脱责任，也不能盲目越权承诺。直线经理主要的"推荐"职责包括知悉本部门员工的薪酬信息、建议本部门新入职员工的薪资水平和在职员工的薪资调整、部门内单项奖励的分配建议、绩效奖励计划的设计和落实、参与部门内员工薪酬问题的沟通和协调解决等。

最后，在薪酬管理中，直线经理应注意谨慎使用权力，不能过于随意、盲目，更应兼顾公平和效率。为此，无论是对员工薪酬加以调整还是对新员工薪酬提出建议，部门管理者都不能只看到员工个人的影响，也要具备大局观念和全局意识，能够看到对部门乃至企业整体士气管理的效果。当然，有关薪酬的建议和规划不能只满足于简单的平衡，还要使薪酬真正成为整个部门业务能力发展的推进器。

2.3.5 奖惩法官

直线经理在扮演"奖惩法官"的角色时，其职能是对员工精准、有效的激励。

管理学理论指出，为了让员工达到更好的绩效，要不断对其进行激励。由于员工是有需求的，根据员工的需求运用不同的奖惩方法，能够充分发挥员工的潜能，提高他们的工作积极性。明确部门的奖惩机制，可使奖惩"有法可依"，还能够让部门的运行更加高效，在单位时间内创造更高的效益，也有利于部门留住人才。尤其当员工犯错误时，必要的惩罚措施能够杜绝同类事情的再次发生，约束员工的不良行为。

为了让奖惩有法可依，直线经理有必要设计和发布本部门的员工奖惩办法。办法可以从奖励和惩罚两方面入手。奖励办法应列举清楚奖励员工的情形、奖励的内容和方式，以有效调动员工的工作积极性，实现企业快速发展。惩罚办法应列举员工在工作中可能出现的问题及对应的惩罚形式和内容，以激励员工不断改正错误、获得成长。

在奖惩体系的设计和执行中，直线经理还应注意将之分为预防性和矫正性两大类：前者应强调采用积极、有效的激励方法，鼓励员工遵守工作标准和规则，避免违规行为的发生，其基本目的在于鼓励员工自律；后者主要是指在员工出现违规行为时，直线经理为了阻止违规行为继续发生，以及确保员工未来的行为符合标准规范而采取的管理措施。

无论何种奖惩措施，都应该保证遵守整个部门和团队内的行为规则。作为管理者，直线经理每天与员工在一起工作，是观察员工行为的最佳人选，也是违纪处理或优秀表彰程序中的关键执行者。因此，直线经理应努力观察和获取影响奖惩程序的每一项因素，如此才能确保公平合理地对待员工。

在向员工说明了奖惩制度以后，直线经理要不断观察员工的表现，并经常给予反馈。例如，直线经理可以告知员工"你这么做是不对的，可能会违反×××规定"，也可以鼓励员工"你这样做很好，继续进步就能拿到×××奖励"。只有将奖惩结合日常的不断提醒与反馈，才能确保奖惩的公平、公正，并不断产生激励效应。

当然，员工一旦触犯规则，直线经理就要遵照一定的程序对其实施处罚，而此时首先需要明确设置程序的两个要点：一是在进行处罚前先向员工明确何种情况会被处罚；二是处罚时要甄别出完全不能由员工控制的责任并加以剔除。

2.3.6　申诉县官

当直线经理扮演"申诉县官"的角色时，其本质职能集中在管理员工关系方面。直线经理要懂得对员工之间的关系进行平衡与协调，以留住优秀的员工。

作为直线经理，如果你的两个员工因工作看法不同而发生冲突时，你应该做出怎样的努力，确保在冲突升级之前就能消除矛盾？

首先，直线经理必须意识到，任何员工之间的冲突都不会自行消失。一旦管理者处理不当，矛盾就会升级；即使暂时隐藏，将来也会以更激烈的形式爆发。作为部门领导，你有责任恢复本部门和谐安定的工作气氛。因此，你必须具备充分的勇气和信心去面对员工的申诉并担任现场裁判，公平处理。

直线经理在处理冲突时，必须牢记以下的原则。

1. 目标单一

管理者解决类似问题必须要有单一的目标，即一次解决一个问题。对大部分的员工申诉，直线经理需要寻找所有的人都能接受的解决方案，而不是单纯指责某一个人。

2. 避免威胁

不要拿处罚或解雇来威胁矛盾中的任何一方。如果你真的威胁了，那就要付诸行动，否则，作为管理者你就失去了信用，下属会怀疑你的威信，且再也不会认真听取你的指令。

3. 寻找根源

直线经理在处理员工申诉的过程中，要懂得如何区别事实和假设，懂得发现临时性冲突背后隐藏的长期根源，才能找到解决问题的根本途径，否则，直线经理就只能忙于"救火"，即使不断安抚员工，也无法真正解决问题和冲突。

4. 保持客观

在解决员工矛盾的过程中，直线经理应该坚持客观的态度，不要听信一方的片面之词，而要认真听取双方的意见，然后分析问题所在，最终让冲突双方平心静气地沟通，表明双方的看法，通过谈判和让步来解决问题。

2.3.7　生涯导官

当直线经理扮演"生涯导官"的角色时，其职能是进行人力资源规划，并对员工的职业生涯做出指导。

直线经理需要依据整个公司的战略，结合人力资源部门做出的规划，根据部门的工作任务和岗位设置，进一步做好部门的人力资源计划，并以此对每个员工的职业生涯规划做出指导。

当今，不少企业在发展中只关注绩效，导致员工长期处于紧张的工作压力之中。这些企业的直线经理也不懂得通过关爱来解决员工的后顾之忧。这一切都导致员工对企业缺乏认同感，更谈不上将企业的发展目标与自身的职业生涯规划结合起来。这样，员工在工作中更多只是在被动地执行指令，而不愿意发挥主观能动性。

通过扮演"生涯导官"的角色，直线经理能够将企业战略需求、部门业绩目标和员工的个人追求系统结合，通过帮助和引导员工规划其职业生涯，使其明晰企业与部门的发展方向，并愿意将自身成长路径融入其中。做到这一点，就能够成功激发员工的归属感和使命感。

职业生涯规划实际上是相当宽泛的概念。对直线经理而言，它应该是指员工将个人目标与部门、企业发展目标的主动结合。员工通过测定、分析、总结和研究自身职业生涯的主客观条件，确定自己最佳的职业奋斗目标，并为实现这一目标而设计和执行有效的计划。

值得注意的是，帮助员工进行职业发展规划并不等同于取得晋升。不少企业的中层管理者不愿意为员工的职业生涯规划出谋划策，很大的原因也出于这一误解，他们担心帮助员工进行职业规划会导致下属抢了自己的位置，或者担心自己手中没有足够的职位给他们。其实，职业发展并不只是晋升，所有能够提高员工职业发展能力的措施都属于职业发展。例如，让员工进行岗位轮换、形成结对、划分部门内的岗位序列等。

在指导员工的职业生涯时，直线经理需要结合日常对他们的了解，为他们量身定制短期、中期和长期的目标。具体而言，直线经理应该根据员工的综合素质、工作表现、期望目标等因素，为员工制定相应的阶段性工作目标。这些工作目标不应该太高，否则容易让员工产生畏惧和退缩心理。当然，目标也不应设置得太低，如果能轻松实现目标，就会让员工失去继续前进的动力和斗志，甚至会让员工产生骄傲情绪。总之，目标的设置应该建立在对员工充分了解的基础上，做到合理、有效。

其次，直线经理要想指导员工做好职业生涯规划，就应该帮其树立职业规划的意识。为此，可以先让员工自己做出职业规划，即便他们的规划并不完善，但也能说明他们的期待与向往。

直线经理掌握这种发自内心的期待，能够更好地指导员工的工作，尤其是要对员工制订的职业规划中存在的缺陷与不足给予相应的帮助，积极进行调整，使之更符合现实需求。在此过程中，直线经理所给予的指导不能脱离员工的具体情况，应根据员工的个人能力、特长、爱好、技能、工作表现乃至价值观、愿景来调整与完善他们的职业规划。

同时，直线经理对员工的职业规划指导也要考虑到本部门、本企业内的现实因素。这样的职业规划指导才更符合员工实际，也更具有可操作性。

最重要的是，直线经理给予的职业规划指导必须得到员工的认同。如果直线经理的指导只能得到员工表面上的认同，却无法得到其内心的支持，基本上也是无法真正实现的。只有真正让员工相信并践行的个人职业规划，才能激起员工行动的力量。

上述直线经理的七大角色，在实际工作中缺一不可。直线经理管理重要度的标准特征，如图 2.3-5 所示。

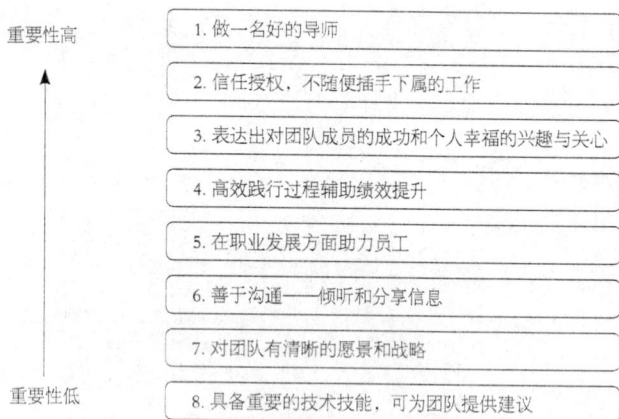

图 2.3-5　直线经理管理重要度的标准特征

2.4　直线经理如何做好人力资源管理

直线经理在日常工作中究竟如何管理人力资源?

首先,创造良好的工作环境,是管理人力资源的基础核心。任何人的工作都离不开环境,面向员工的管理工作也必然围绕环境建设展开,或者是环境建设的一部分。只有在愉快的工作环境中,员工才更能提高工作效率和工作质量,整个团队才更加具备共同奋斗的热情与动力。

其次,直线经理的日常人力资源管理体现与落实在与员工打交道的点点滴滴中。这就要求直线经理了解员工。只有凭借了解基础上的准确定位,直线经理才能在各方面准确指导员工的工作,并及时纠正员工的错误,做好管理人力资源的工作。

2.4.1　如何创造良好的工作环境

随着社会的发展和员工队伍的年轻化,如何建设更为人性化的工作环境被提到直线经理的工作日程中。人性化就是尊重员工的个性、爱好、行为方式和目标愿望等。然而,如果片面强调人性化,也容易形成自由散漫的风气,所以,在提倡人性化的同时,必须有纪律来约束,确保工作环境的稳定。

兼顾人性需求且有纪律保障的环境,会提高员工的工作效率,使员工的创新潜能更容易被激发出来,并影响员工的精神状态。正如彼得·德鲁克所说:"理想的工作环境,要能够授权给员工,免除不必要的监督,让员工知道公司对他们的期望,也清楚公司如何评价他们的工作。"

通常而言,工作环境包括两个方面:首先是硬件环境,即通常所说的办公环境,包括空气的温度、湿度、流通情况,办公用品的布置是否合理及是否有噪声、光线等污染；其次是软件环境，包括公司或部门的管理制度、企业文化、人际关系等，例如某些部门可能采取弹性上下班的制度，或者在特殊情况下允许不坐班（如销售业务人员）等。

为此，直线经理要引导员工从工作点滴出发，优化企业内部的软件环境。具体做法包括以下几个方面。

1. 积极问好

从经理自身开始，每天早上与同事见面时相互打招呼问好，简单的问候加上友好的微笑，能够迅速拉近彼此之间的距离，给对方亲切感，也更容易营造和谐的工作气氛。

2. 积极沟通

在工作中，直线经理应建立互相尊重、积极沟通的工作秩序。直线经理要多引导年轻员工向年长者请教，引导有经验的员工向无经验的员工传授经验。这样，整个团队的合作精神与学习态度都能得到增进。

3. 宽容分享

直线经理应率先垂范，以宽容和分享的态度善待同事。即便在工作中有意见分歧，直线经理也应冷静处理，善待下属。同样，在指导员工时，直线经理也不能过分计较琐碎小事或眼前利益，而是要关注全局、理解他人。只有这样，整个部门的员工才会互相帮助，自觉维护和谐的工作氛围。

4. 相互赞赏

当下属有了积极进取的表现，或工作出色、业绩突出时，直线经理应该给予真诚的肯定与赞赏。这样，整个团队就会拥有团结友爱、互相肯定的优良工作氛围。

建立良好的工作环境，是用好人才、留住人才的关键。好的工作环境会带来好的精神状态，这关系到一个部门、一个企业的生命力和发展动力。因此，直线经理在开展人力资源管理工作时，必须考虑到团队内部的文化氛围，使之变得更为和谐而富有竞争力。

2.4.2　如何切实了解员工

直线经理应该经常与员工进行交流，并观察员工，确保切实了解员工。让员工知道部门领导在关心自己，如此才能拉近直线经理与员工的距离，引爆员工的激情。

直线经理要切实了解自己的员工，可以从以下 3 个方面入手。

1. 掌握基本情况

了解员工的基本资料，包括学历背景、过去的工作经验等。许多优秀的直线经理都非常了解下属，包括记住他们的年龄、家庭情况、个人兴趣爱好等。为了便于记忆，一些直线经理甚至将这些信息分门别类地记在专门的记事本上，以便熟悉员工，找到激励员工的机会。

2. 掌握日常表现

直线经理应随时了解员工的工作情况，不仅要及时跟进员工的工作进度，还要帮助员工纠正错误、解决问题。在日常工作中，有些员工犯了错误，会因为害怕承担责任而隐瞒事实、传递错误信息。如果直线经理平时没有养成很好的交流习惯，对员工的工作状况缺乏了解，就很容易被错误信息所蒙蔽，最后导致部门遭受损失。

3. 掌握员工的个性及喜好

直线经理要注意员工的个性特点、兴趣爱好，想方设法提高员工的工作积极性。

每个人在能力、性格、态度等方面都有其优势和缺陷，而正确用人的关键在于回避其不足、发扬其长处。为此，直线经理在接触员工时，首先要了解每个人的特点，从员工的工作中观察其处事态度、效率和准确性，从而真正评估下属的潜能。这就需要直线经理在团队管理中注重全面掌握员工的性格特点，以有效激发员工的内在动力为原则，实施差异化管理。

2.4.3　如何指导员工

直线经理平时还要充当"教练"的角色，对不同员工给予不同的指导。可供参考的方法如下。

1. 会议指导

利用部门内部会议安排指导，即在开会的场合，直线经理留出一定的时间请员工发问，对员工提出的问题进行指导。

2. 日常指导

在日常工作中，不管是在办公室、出差还是外出开会，直线经理都可以随时对员工进行指导。

例如，在谈判过程中，与客户议价时，直线经理可以请员工坐在旁边观察。等当天完成谈判后，直线经理就可以对下属进行指导，向他指出刚才的场景里哪些要点应该注意。

此外，当今 QQ、微信等社交通信平台应用广泛，直线经理也可以将部门员工拉入同一个聊天群。这样大家既能够随时随地在群里交流工作、分享知识，也能轻松联络、拉近感情。

3. 端正心态

应该充分端正对员工的指导心态，直线经理要怀着爱心去引导下属，而不能有"教会徒弟，饿死师傅"的担心。从工作职责上看，直线经理要培养和锻炼员工；从情感上看，直线经理如果不用真心对待员工，员工也必然以虚伪敷衍来对待工作。

除此之外，指导员工时，直线经理还要有充分的耐心。很多直线经理工作一忙就没有心情去指导下属了。实际上，直线经理要设身处地地为员工着想，多一分理解与担当，围绕指导进度形成书面计划并照之执行，逐步养成耐心。

2.4.4　如何纠正员工的错误

纠正员工的错误不能蛮干，而是要讲求方法。

1. 态度平和

直线经理在纠正员工的错误时，态度要平和。毫无疑问，员工犯错会给工作造成负面影响，有些直线经理为此怒气冲天、态度过于严厉，导致员工无法接受批评，也不会有实际的改正行动。

直线经理及时纠正员工的错误是必需的，但要紧盯结果，而不是放任情绪。为了避免事态恶化，直线经理没有必要当面严厉批评员工，尤其对于那些自尊心强、资历较深的员工，完全可以选择私下平和讨论。这样既维护了他们的自尊，也能很好地解决问题。

2. 提供方法

俗话说，"亡羊补牢，犹未晚也"。当员工发生错误之后，直线经理不能只是告诉他错在哪里，关键是让他主动了解和学习能够解决问题的方法。同时，直线经理还要告诉他如何预防错误。只有这样，才能防患于未然，确保今后不再犯同样的错误。

3. 坚持原则

纠正员工的错误时，直线经理要坚持对企业有利的原则，确保公司的利益高于一切。对比较严重的错误，直线经理既要注意安抚员工的情绪，提供正确的问题解决思路，也要给予一定的惩罚；否则，员工很可能认识不到问题的严重性，消除不了错误的影响，也难以起到警示其他员工的作用。

某部门员工犯了一个错误，在报价单上多写了一个"0"。这一错误导致价格超过了公司的成本预算，对公司的运营产生了极大的影响。虽然这位员工平时表现很不错，但必须接受适当的经济处罚；但以他的经济能力，暂时又承担不了。

直线经理和人力资源部经理协商，为了尽量减少公司的损失，同时也能让这位员工继续留在公司，形成了稳妥的解决方案——只要这位员工能够竭尽所能弥补他的错误，或者通过后续跟进工作有效降低损失，经济处罚就可以相应减轻。这样，公司和员工的利益得到平衡，其他员工也得到了警示和教育。

显然，在本案例中，这种对员工错误的纠正方法更为科学有效，也更能保证团队和企业从员工的成长中获益。

2.4.5 如何合理分工

直线经理怎样做到在部门内进行合理分工？

1. 合理分配责任

直线经理在对员工的工作能力、专业素质有了比较清晰的了解之后，在安排工作计划时，应该确定每件事情的最佳人选，确保工作和人员能够准确对应，做到合理分配责任。

2. 避免"能者多劳"

在工作中，"忙者恒忙，逸者恒逸"的现象时有发生。这往往意味着工作责任和压力的分配不公。除非在薪酬福利上对有能力、多付出的员工有所补偿，否则这样的管理就谈不上公平。

要想真正解决"能者多劳"的问题，一方面需要直线经理在部门内部推动优胜劣汰机制，让"能者"迅速进步，让"不能者"被逐步淘汰，始终确保团队中的大部分成员都是"能者"。

另一方面，又需要直线经理在激励和锻炼政策上有所倾斜，让那些"能者"得到更多的物质奖励和学习锻炼的机会，让"不能者"产生实际和心理上的落差，转而刺激他们愿意积极行动，变成"能者"。

3. 适度轮岗

在分配部门内部的工作时，直线经理也可以采用轮调学习的方式，让员工在不同的岗位上轮流工作。这对于员工扩大专业范围、理解业务流程、形成整体意识有良好的促进作用。同时，轮岗这一形式也确保了工作分配的合理性，让员工在获得学习机会的同时，也避免他们产生厌烦心理。这对直线经理日常的部门人力调度是非常有益的。

第2篇：技能篇

非人力资源管理与选、育、用、留

　　每一位部门管理者首先都是人力资源管理者，俗称"直线经理"。在直线经理的日常工作中，离不开对人力资源的"选、育、用、留"等内容，它们分别对应了选择人才、培育人才、任用人才和留住人才四类管理任务。育人要求取决于用人要求，所以本篇改变了通常的叙述逻辑，先讲用人，后讲育人。

第3章

选人：
如何慧眼识才、招贤纳士

　　选用人才时，直线经理必须有明确的选拔人才的标准。为此，在甄选人才之前，直线经理必须确定用于评估选择的具体条件和内容，其中包括硬件条件如学历、年龄、工龄、职称、职位等，也包括软件条件如岗位所需的任职能力、企业所要求的职业素养等。直线经理只有正确运用这些条件量化人才的价值，才能做到慧眼识才、招贤纳士。

3.1 选人的三大亮点工作

许多直线经理在选择下属时，唯一的标准就是业务能力。他们认为，只要能力强，就是重要的人才，就能给团队带来战斗力。殊不知，如果员工的能力和职位不匹配，即便是天才，也难以发挥出战斗力。

为了让选出的人才与空缺的职位相匹配，直线经理要重视选人的三大亮点工作。

3.1.1 招募英才，持续发展

利用人才招募，促进部门业绩提升乃至企业持续发展，需要直线经理找准企业对未来人才的实际需求，将之变为选聘人才的工作亮点。

图 3.1-1 所示是在人才招募的流程中，直线经理需要结合日常工作的观察和理解，首先识别工作空缺并确定如何弥补。这样才能在招聘方式和目标上有明确的计划，做到有的放矢。在能够辨认目标整体后，再经过招聘、初试，筛选出目标候选人并予以约见。

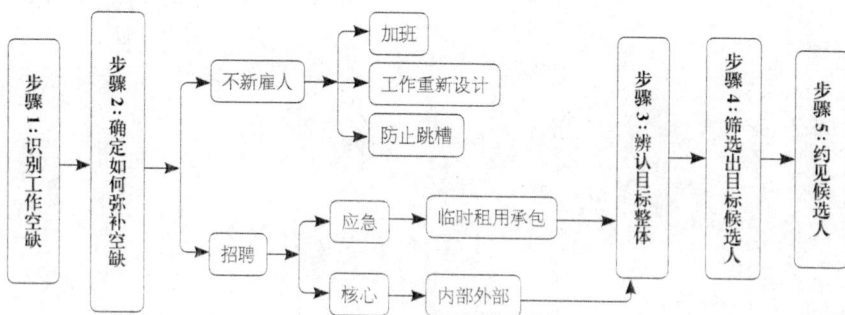

图 3.1-1 人才招募步骤

例如，技术开发部经理首先学习了企业未来的战略规划，得出企业要在互

联网领域有所作为。随后,他结合自身的领导经验识别出了工作空缺,即企业未来需要大量高端的 JAVA 或 .NET 工程师,而部门现有研发岗位人力资源的数量和能力都无法满足需求。这意味着,未来几年技术开发部人才选拔的重点工作在于招聘和培养研发工程师。

又如,市场部经理了解到公司计划未来 3 年进入国际市场,发力海外市场,但公司目前几乎没有国际化人才。这意味着市场部门需要挑选培养大量具有国际化视野、懂得国外文化和法律的商务市场人才。

正是遵循了上述人才招募的流程,直线经理们才能在纷繁复杂的日常工作中了解并遵循人员选拔的主脉络。

案例: 联想集团的人才挑选

在人才挑选上,联想控股股份有限公司(简称"联想集团")有着清晰的部门和企业目标,其市场部总是提前几年就做好后备人才的培养规划。

多年来,联想集团始终致力于人才的可持续发展,积极探索人才培养模式的创新。联想集团依托校企合作、技术能力认证等培养项目,与国内 50 余家 IT 职业院校建立了战略合作关系。在合作关系下,联想集团与职业院校共同确定人才的培养目标,共同规划培养方案,共同打造双师型师资队伍,共同开展教学与效果评估。初步形成了人才培养领域内校企共生的良性生态环境。

由于有明确的人才选拔目标作为指导,合作院校每年都能向联想集团及合作伙伴输送上万名优秀毕业生,有效地壮大了该集团内不同部门的后备人才队伍,提升了支撑该集团技术升级的人才队伍力量。

3.1.2　人才标准，德才有别

明确了部门所需人才的专业领域、水平层次后，直线经理还需进一步明确这些人才应该具备什么能力（能力标准）、有哪些行为特征（行为标准），并将之列为成文的人才挑选和甄别标准。

在实际工作中，如果单凭主观经验来评价员工，很容易出现对人才的评判结果完全不一致的情况。实际上，看似截然不同的人才评价结果并不总是相互矛盾的，评价者很可能都没有错，只是分析人才特质的角度不同而已。即使是经验丰富的直线经理，也有各自不同的价值观影响他们看问题的角度。对同一个人才，不同的人做出的判断结果难免会出现差异。

正因如此，统一人才标准就显得非常重要。由直线经理来制定标准，能够避免在招聘过程中不同人从不同角度观察判断而导致评价结果的差异。

除此之外，人才本身也是复杂的。有了准确的用人标准，企业才能选择恰当的招聘渠道，发布准确的人员招聘信息，为部门吸引来合适的应聘者。

一般而言，人员选择标准主要源于以下 3 个方面。

1. 岗位说明书

岗位说明书能够为部门员工的选择和录用提供主要的参考依据，也能为应聘者提供与该工作相关的详细信息。直线经理运用好岗位说明书，就能够较为完整而准确地写好招聘广告，包括岗位职责、应聘条件和人事待遇等信息。

为此，直线经理在向人力资源部门提供具体的招聘用人标准时，应参照本岗位的工作说明书，确保科学规范。

2. 企业文化

越来越多的企业在招聘时都注重考查应聘者的价值观，判断其是否和企业的价值观一致，是否符合企业文化的要求。为此，直线经理在确定人才招聘标准时，应充分考虑到企业文化的特性，并围绕这个特性提出相应的人员素质要求。

3. 企业未来发展的需要

除了考虑岗位和企业文化的要求之外,企业在招聘选拔人才时,还应考虑应聘者的发展潜力,了解人才是否具有可塑性,是否能够满足企业未来发展的需要。因此,企业在制定招聘标准时,应该考虑人才在未来能够向企业提供哪些价值,以及企业需要什么样的人才价值。

案例: 麦当劳的成功秘诀——标准化管理

麦当劳品牌何以如此深入人心? 麦当劳最大的成功秘诀在于对包括人才在内的企业运营因素都进行标准化管理。这样的标准化确保消费者在全世界任何地方的麦当劳都可购买到统一的食品,并享受相近的服务与用餐环境,且价格也基本相同。

正如麦当劳的创始人罗·克洛克所说,连锁店只有标准统一,并且持之以恒地坚持标准,才能保证成功。麦当劳原本只是一家为驾驶人士提供餐饮的路边快餐店,之所以能够发展成全球快餐业的龙头老大,关键就在于数十年如一日的标准化运营。

麦当劳制定了每家门店的品质、服务、环境等几乎所有的衡量标准。此外,还有标准化的合作方式,即经过严格的特许经营后,由特许经营者全面管理餐厅的经营,在本地采购原料,工作人员也本地化。

麦当劳还围绕人员进行了标准化的培训,要求他们进行标准化作业,打造标准化的环境。企业专门开设了汉堡包大学,为全球的特许经营管理者、工作者提供标准化的全面培训。通过培训,确保各个门店统一服务规范,把为顾客提供周到便捷的服务作为重点。由此,让各个餐厅都拥有良好的消费环境、卫生的食品、一致的口味、优质的服务。

总而言之,麦当劳成功的秘诀就是统一标准,而人才团队的标准化管理也在其中。

3.1.3 火眼金睛，面试技巧

面试是挑选优秀员工的必经之路。在面试之前，直线经理首先要清楚究竟需要什么样的人才，再思考如何衡量并持续培养所需人才，以及对所培养人才的激励方法。这就是人才培养整体解决方案的思想，也是对人才的选、育、用、留。

直线经理要为部门配备合适的人才，首先应把好面试关。实践证明，许多新员工虽然通过了面试，但在工作中却发现所做的事情和想象的完全不同，于是选择了离开。这种现象的产生虽然不能完全归咎于直线经理，但他们也有一定的责任。

因此，直线经理在招聘中，一定要做好测评应聘者的工作。直线经理要练就"火眼金睛"，在招聘面试时，不仅要注重考查应聘者的技能，更要全方位考查他们的职业道德和素养。唯有如此，才能保证招募到的人选是部门真正需要的合适人才，并有效降低未来员工的流失率。

直线经理在面试甄选人才时，应考查以下因素。

1. 情商考查

情商（EQ），是人才获得成功不可缺少的素质。情商包括情绪自我觉察能力、情绪自我控制能力、他人情绪识别能力、人际关系处理能力四项能力。只有这四项能力全部相对较高的人，才可谓具备了较高的 EQ。这种人通常有良好的适应能力，可以在短时间内融入原本陌生的工作环境中。反之，EQ 控制能力不高的人，往往处理不好复杂的人际关系，难以适应新的工作环境。

2. 逆境商考查

逆境商（AQ），是指一个人面对困境时的能力表现。逆境商指数越高，说明其抗压和抗挫折的能力越强，反之则表现不佳。

显然，如果直线经理录用的新员工 AQ 较高，那他们很少会因"公司太远、压力太大"之类的理由而动辄辞职，整个队伍的稳定性就会伴随抗压能力的提升而提升。虽然中小企业无法像世界 500 强企业那样在人才测试方面有较大的

投入，但直线经理依然能够设法开发出简便易行的逆境商考察体系，并通过不断实践而形成自己的观察、鉴别经验。

3. 求职动机的考查

从心理学的角度而言，人的行为背后总是伴随着动机。通过考查应聘者的求职动机，可以有效鉴别出与企业文化相匹配的应聘者。

考查应聘者的求职动机，直线经理只需弄清楚两个问题，如表 3.1-1 所示。

表 3.1-1 如何考查应聘者的求职动机

序号	问题	举例
1	新员工要的是什么？	例如，挑战性的工作、高薪酬、便利的交通、舒适的工作环境等
	部门是否能提供？	
2	部门需要的是什么？	例如，客户导向、忠诚度、接受长期外派等
	新员工是否能提供？	

通过上述三项的考查，直线经理就能在面试的源头甄别出符合企业价值观的人才。

案例：一家企业副经理候选人 ABCD 的争议

假设你目前只有 1 000 万元的资金成本来操作一家企业，为此，你需要请一个副经理。

第一位面试人 A 陈述了自己的建议。他建议你可以多投入 200 万元来开设分公司，以迅速占领市场，并能迅速提升业绩。

第二位人选 B 的看法是应该多投入 500 万元，这样可以帮你把品牌迅速建立起来。他谈到了自己过去的经验和对品牌发展的看法，非常专业、成熟。

第三位来面试的人选 C 得知你只有 1 000 万元的操作成本后，很快为你设计了一套只有 1 000 万元的品牌操作计划。他谈到第一步应该先做什么，能达到哪些预期目标，随后再将该阶段赚取的利润累计投入，继续进行操作，以达到新的目标等。

第四位来面试的人选 D 为你设计了一套方案，他建议先期投入 500 万元启动，通过效果测试后，再进行新的拓展。

如果你拥有决定权，请问，你会选择他们中的哪一位做副经理呢？

当然，这个案例的答案不是固定的。不同的直线经理对自身工作有不同的定义，对企业所处的竞争位置、追求的长远目标、可利用的资源等因素也都有不同的理解。理解上的差异会引发最终面试结果的不同。

在面试之前，直线经理要根据本部门和企业目前的状况，认清自己面对的局面，然后再决定挑选人才的类型。面试之前不应该先入为主，不要相信一成不变的模式，否则只会破坏最终的招聘结果。换言之，无论直线经理在面试中做出怎样的选择，都要确保能够承担后果。从这个意义来看，选择人才其实是对未来的一种博弈。

3.2 人才四力模型之"核能"与"潜能"

人才是创建团队事业最珍贵的资源，是企业发展必须依赖的核心。真正的人才都有其能力特长，其中既要了解、掌握理论，也要具备实际的工作经验。事实上，企业往往特别重视这类人才。这类企业需要的人才能够将学习生涯中获得的理论知识游刃有余地应用到工作实践中去，并获得成功。

企业在选择和培训人才时必须两手抓，即一手抓人才的"理论"培养，一手抓他们的"实践"经验。为此，直线经理选用和培养人才的主要方向应集中在以下 4 个方面。

3.2.1 专业能力

专业能力是应聘者的专业技术水平，是企业招聘人才的重要衡量依据，也是直线经理需要看重的部分。

人才的专业能力包括三方面的内容：首先是任职资格，即胜任某一职业所具备的能力；其次是走上工作岗位后体现出来的职业素质；最后是职业生涯管理能力。

大多数岗位都需要不同的专业能力，如培训讲师的授课能力、部门经理的协调管理能力等。关于专业能力的具体要求，直线经理可以通过对每个岗位的任职资格进行分析研究，从而进一步了解。

对应聘者专业能力的测试通常采用简历审核与笔试等程序进行。直线经理可以首先和 HR 共同对应聘者提供的材料进行判断取舍。这些材料包括资格证书、在校期间的专业成绩、以前的各种工作经历和经验、推荐者的推荐意见与鉴定评论等。通过这些材料初步判断应聘者的专业技能。此外，如果有必要，也可以对应聘者进行笔试，通过了笔试的应聘者才有机会接受面试。

3.2.2 过去的经历

直线经理在招聘员工时，还应了解应聘者过去的经历，以此作为参考，综合判断对方的工作能力。下面的这个故事能够提供借鉴思路。

20 世纪 70 年代，一个村庄里，有两个小伙子共同去开山。A 将石头运到山下，加工成石子卖给建筑商。B 挑选其中奇形怪状的石头，运到更远的码头，从水路发货卖给园艺商。三年后，B 成为村里第一个盖瓦房的人。

不久之后，村里开始大面积种植果树。这里出产的梨不仅产量高，而且肉嫩汁浓，深受国内外消费者的喜爱，也引来不少商人收购。

然而，B 此时却果断卖掉果树，开始种柳树。他发现，到村子里采购的商人不愁收不到好梨，只愁盛梨的箩筐不够。两年后，他又成为村里第一个在城里买房的人，并在那里做起了生意。

丰田公司亚洲区代表山田信一听说了这个故事后，当即决定找到这个年轻人，聘他到公司工作。当山田信一找到 B 时，他正在与自家门店对面的店主吵架。山田侧耳倾听，原来吵架的原因是 B 店内一套标价 800 元的西装，在对面的店里只卖 750 元；等 B 标价 750 元时，对面店主就标价 700 元。一个月下来，B 的西装卖出去 8 套，但对面店里却卖出 800 套。

山田看到这样的情景，感到非常失望，准备打道回府。不料，一个偶然的机会，让他了解到事情的真相：原来，对面那家店也是 B 投资开的，"店主"其实只是他的伙计。山田信一当即决定，以百万年薪聘请他加入公司。

山田通过了解和分析 B 过去的经历，看出其商业智慧和能力，为公司招募了得力的人才。在招聘面试时，直线经理可以针对不同对象，采取不同的面试方式。

对于应届毕业生，直线经理可以要求他们先从自我介绍开始，随后了解他们在校的学习经历、社团经验、未来发展规划等。这是因为刚毕业的年轻人大多积极热情，引导他们打开话题并不困难。

相反，对有社会经验的应聘者，直线经理可以通过聊天来缓和气氛、侧面了解相关情况。例如，直线经理可以通过询问与其居住地、家庭成员、职业等相关的问题，掌握应聘者的家庭背景、经济状况、社会资源等。直线经理也可以与应聘者交流一些兴趣爱好，在活跃气氛的同时，也能找到机会更全面地了解应聘者的性格、爱好。

3.2.3 核心潜能

直线经理在招聘人才时应该重视每个人的潜能。这是因为员工潜能的大小，能够决定他未来可以为公司、为部门贡献多大的力量。

通常情况下，个人的核心潜能包括领导力、执行力、开创力、敏感度、思考力、亲和力等，经过发掘培养，可以表现为一呼百应的领导力、持之以恒的执行力、积极突破的开创力、见微知著的敏感性、弹性活跃的思考力、充满温情的亲和力等。

但是，应该如何判断应聘者的核心潜能呢？

1. 引导方向

在招聘面试中，直线经理应保持镇定，提前围绕自己想要了解的核心潜能准备好问题，确保思路清晰。在此过程中，直线经理要把握面试的节奏，确保应聘者能够围绕你提出的问题表达，不断展现其核心潜能，而不能被应聘者的思路所主导。这样，才能在有限的时间内更全面、迅速地了解应聘者。

2. 多提开放式问题

为了了解对方的潜能，尽量少问一些选择性的问题。封闭性的选择问题会限制应聘者的回答方向和意愿，只集中于对其现有想法和状态的了解，难以看出其内在的潜能；而开放式问题可以让应聘者的回答具有多样性，让直线经理更全面地了解应聘者的潜能。

3. 针对细节部分提问

直线经理要想看出应聘者的潜能，就要懂得针对细节部分提问。老练的直线经理在面试人才时，能够从简历中分析判断出那些有价值的细节信息，然后挑出来进行有针对性的提问。在观察应聘者如何回答这些细节问题时，他们的核心潜能就会有所流露和表现。

例如，当应聘者说自己的强项是学习能力时，直线经理不妨抓住这一细节，具体问他读了哪些书、参加了哪些课程等。这样，直线经理就能观察判断应聘者是否真的具有学习潜能。如果应聘者对这些问题的回答不够清晰具体，直线经理就可以继续追问，确保获得有效的信息。

3.2.4　未来潜力

直线经理在参与招聘较高级别的人才时，还应关注应聘者身上的重要特质，即未来发展的潜力。

专业的人力资源研究结果表明，良好的线性职业生涯规划对个人的成长非常有用：只有在线性规划指导下积极谋求职业成长，并因此坚持学习、不断进步，积累工作经验，才能胜任越来越复杂的工作岗位。

与此同时，非线性工作则更能体现应聘者的情商素质，包括组织意识、关系处理、灵活性、适应性、同理心等，这些素质能充分体现优秀员工和普通员工的区别。

无论是线性规划还是非线性工作，都要求人才合理展现自我颠覆的意愿，进而展现出个人的未来潜力。潜力的展现能体现出应聘者的洞察力、好奇心、决心、士气，表明他们愿意不断学习、接受挑战。

如果你需要从同样缺乏经验的应聘者中找出最具未来潜力的人选，建议重点关注以下 4 个方面。

1. 决心

例如，若相关岗位需要应聘者具备软件开发能力，但应聘者都不具备计算机方面的学位，那么直线经理就要观察和了解应聘者是否具备自主学习的意志力，是否拥有获得成功的决心。如果他们具备，即便在专业能力上有所欠缺，但强烈的自我驱动力也可弥补。

2. 热情

通过评估应聘者的热情，能够判断其创造力与激情的多少。热情与决心不同，后者更多体现为追求与抱负。如果应聘者拥有充沛的热情，他们就更有可能给团队带来新的创意或变革。源自热情的能量可以激发应聘者的潜力。

3. 自我意识

新聘用的员工只有以开放的心态来看待团队和同事，尊重彼此的差异，正确对待他人的反馈，才有充分释放潜力的可能。换言之，这需要应聘者有正确的自我意识，能够客观看到自己的长处和短处。不仅如此，直线经理还应明确目前招聘的工作岗位上更希望培养新的工作人员哪些性格和习惯，而对应的自我意识则是其中的关键。

4. 天赋

绝大多数人的职业成熟度会随着工作经验的积累而逐渐提高，但他们需要具备快速学习和整合资源的天赋，才能发挥出全部潜力。直线经理应该通过评估和调查来了解应聘者的天赋，例如测试他们的好奇心、求知能力，也可以让应聘者描述他们在工作过程中学习技能的过程等。

3.3 选人荐人的 6 项修炼——面试技巧

有人说，面试工作，一半是艺术，一半是科学。

其实，摆在面试官面前的只有 3 件大事，具体内容如图 3.3-1 所示。

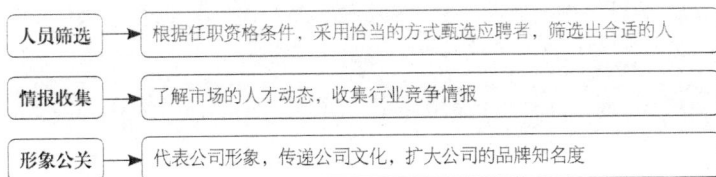

人员筛选	根据任职资格条件，采用恰当的方式甄选应聘者，筛选出合适的人
情报收集	了解市场的人才动态，收集行业竞争情报
形象公关	代表公司形象，传递公司文化，扩大公司的品牌知名度

图 3.3-1　面试官的 3 件大事

在招聘过程中，直线经理经常作为面试官参与面谈。从确定面谈的对象到面谈的准备工作再到面谈的具体步骤等，直线经理总共需要进行 6 项修炼。

3.3.1 直线经理的选人措施

直线经理是选人的第一责任人，要变被动为主动，具体措施如图 3.3-2 所示。

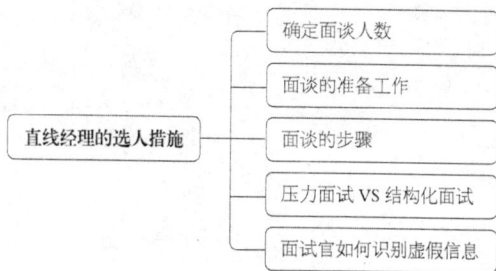

图 3.3-2　直线经理的选人措施

1. 确定面谈人数

直线经理对照应聘者的简历与岗位说明书筛选出比较合适的人选，进而确定面谈人选。在进行上述设计规划时，直线经理要大致确定面谈的人数。

确定面谈的人数需要考虑面谈所花费的成本，一定要结合实际情况来确定数量。目前，招聘流程中公认的面谈数和岗位数的比例为3：1。相比之下，1：1没有选择性，2：1也容易发生偏差，而太多的面试者则会浪费时间、降低效率。综合来看，3选1是比较合理的。

2. 面谈的准备工作

面谈开始前的准备工作包括以下几项。

（1）熟悉应聘者的简历

直线经理可以将简历中与工作职位相关的重点用红笔标识，可标识的地方越多，表示应聘者与职位的契合度越高。

确定约见的应聘者后，直线经理应提前准备好面试时的问题。

（2）选择面谈问题

在结构化面试中，经常需要设计问题题库。所谓题库就是将标准的问题及与职位相关的专业问题集合成库：标准问题大多是常规性的问题，如"请你自我介绍一下"；专业问题则是将来要进入部门、履行岗位职责时应该具备的基本专业知识和专业能力。

在准备面试题目时，直线经理也有必要自行设计问题。这些问题的来源最好能从部门过去曾发生的疑难困惑、危机处理、常见争议等问题中选择。

（3）面谈时间预估

一般来说，面谈时间不宜过长或过短。统计表明，一般职位招聘的面试时间是 30~40 分钟；高级经理的面试可能需要 1~1.5 小时。

3.面谈的步骤

面谈一共有七大步骤，如表 3.3-1 所示。

表 3.3-1 面谈的七大步骤

步骤	内容	细节
第一步	致欢迎词	双方面谈时，要先致欢迎词。直线经理是代表公司与应聘者面谈的，代表着公司的形象，一定要礼貌地欢迎应聘者来公司应聘
第二步	请应聘者自我介绍	致欢迎词之后，要请应聘者进行自我介绍。将其自我介绍的内容与简历相对照，作为第一次核查。注意应聘者的自我介绍与简历是否一致
第三步	针对简历提问	对照简历或拿出此前阅读简历时所写下的问题向应聘者提问
第四步	提出与工作内容或与专业相关的问题	与岗位工作内容或与专业直接相关的问题，是确定应聘者是否符合部门需要的关键。因此，面试官必须精心准备这些专业题目
第五步	提出互动题	①互动题是指请应聘者对公司或工作提出问题或看法，例如对方希望得到的薪金和福利待遇； ②即使应聘者提出的要求高于公司的规定，作为面试官的直线经理也不应太惊讶，不应流露出断然拒绝的表情，否则会极大地影响双方的互动； ③面试官要平稳沉着，如果对方提到一些比较敏感的话题，不能马上做出太过肯定的回答，也不要做过多承诺，一定要先分辨对方提出的问题哪些是授权范围内可以回答的、哪些不是； ④作为面试官，还可以问应聘者一些其他问题，如住址、交通情况以及对未来发展的看法等，这是因为面谈过程也是全方位了解应聘者其他背景的好机会
第六步	告知对方何时可以得到通知	面谈基本结束时，应告知对方何时可以得到通知，以免对方怀疑或牵挂。具体通知日期还须与人力资源部门沟通
第七步	感谢并圆满结束	面试结束时要致感谢词，感谢对方花时间到公司面试

4. 压力面试 VS 结构化面试

直线经理面试的方法主要包括压力面试和结构化面试两种。

从以下方面向应聘者施压，即为压力面试。

简单介绍一下你自己

说点不一样的

为什么要申请 HR 这个岗位

你觉得你能做优秀的 HR 吗

什么是优秀的 HR

说一件能证明你能力的事吧

说说你身上有什么优势

最后一个问题，你觉得人力资源是做什么的？不要背书，我想听听你自己对人力资源工作的认识

从以上问题中可以看出，压力面试会给应聘者一定的压力。观察对方在压力下的真实表现，往往能够为直线经理带来良好的判断依据。当然，也不应过多使用压力面试的方法。直线经理应同时学会使用结构化面试的方法，例如下面的提问。

请举一个例子，说说你是怎样、如何……处理的？

结果呢？然后呢？还有呢？

5. 如何识别虚假信息

通过细节上的追究和发掘，就能判断出应聘者所说的信息究竟是否真实。

一般来说，如果信息是真实的，应聘者就会用以下方式来陈述。

用第一人称；

说话很有信心；

明显和其他一些已知的事实一致。

而如果应聘者所说的是谎言，则会表现出以下特征。

很难一针见血；

倾向于夸大自我；

明显在举止或言语上有迟疑；

语言流畅，但像背书。

如何才能正确区分"事实"与"谎言"呢？可以从以下几点入手。

（1）总说"我们……我们……"

这种表述方式说明应聘者在其阐述的事实中很可能只是参与者，是其中的普通成员而非核心人物。直线经理应该礼貌地打断：是你还是你们？你在小组的职责是什么？负责管理多少人员？

（2）声东击西法

直线经理开始提出某一问题，待面试者回答后不予评判，而是继续面试，后面再问一次，看答案是否一致。

（3）背书式回答，特别流畅

谈话中间，直线经理要很自然地打断："你说得很好，我很感兴趣，麻烦你再重复一遍。"如果对方所陈述的内容完全一致，不妨略带调侃地提问："一字不差，不会是事前背好的吧？"

（4）自然回答

如果应聘者表情自然，语言既不含糊掩饰也不过于流利，语速自然而略带思考中的停顿感，那么对方所说的话很可能是真实的。

3.3.2　如何运用"望、闻、问、切"法识人

中医在长期的实践中总结了诊断疾病的方法——"望、闻、问、切"四诊。一个优秀的直线经理也能够通过类似的方法来识别应聘者是不是自己部门真正需要的人才。

1. 望——善于观察

在中医理论中，"望"即观察病人全身或局部的神、色、形、态的变化。在招聘面试过程中，直线经理通过观察，能够有效获取和分析应聘者的行为、神态、仪表、举止、言谈中的信息，判别对方是否为部门需要的人才类型。

值得注意的是，当直线经理在为销售等职位招聘具备优秀沟通能力的人员时，尤其能够通过"望"来判别：通过仔细观察应聘者的仪表是否得当、面部表情是否热情、言谈是否得体等方法，或者模拟接待客户、内部谈话等方式，观察其行为是否符合企业标准。如果应聘者过于谨小慎微、不敢表达，或者大大咧咧、不注重仪表，显然都不符合这些职位的要求。

2. 闻——善于倾听

在中医理论中，"闻"就是医生凭听觉和嗅觉来辨别病人病情的变化。

"闻"这一方法在招聘中也是非常重要的。所谓"闻"，就是倾听。在招聘面试中，直线经理应善于做优秀的倾听者。应聘者往往会在讲述中透露很多重要信息，例如从上一家公司离职的原因、对工作和自我的看法等。直线经理只有保持认真倾听的态度，才能从这些信息中获取有用的内容，以判断应聘者是否适合公司的空缺岗位。

　　某公司招聘项目经理和技术人员。赵先生的学历和工作经验等基本符合要求。从简历上看，赵先生之前在某知名企业工作过三年，业绩也不错。于是面试官在交谈中提到了这一点。赵先生解释说，自己喜欢钻研技术，不愿意把时间浪费在参加其他活动上，而原来所在的部门很喜欢组织活动，自己觉得不太适应，所以最终选择了离开。

　　在听取了赵先生的离职原因之后，面试官判断他并不适合做项目经理，但适合做技术工作。原因是项目经理需要很强的协调能力，要善于分配和协调资源，善于处理人际关系，协调整个团队向更高的目标努力。于是，直线经理建议他不要应聘项目经理，可以考虑技术岗位。最终，赵先生成为部门内新的技术岗位人员。

　　通过这一案例可以看出，"闻"同样是很好的招聘面试技巧。直线经理要成为有心人，善于在交谈中倾听应聘者的回答，从中获取有价值的信息。

3. 问——主动发问

　　在诊疗中，医生通过询问来了解病人的发病过程和发展情况，以便给出正确的诊断结果。同样，在招聘面试中，直线经理也要通过询问来了解应聘者的学习和工作经历、曾经负责的项目及取得的成果、来公司面试的动机、对未来的打算、期望的薪酬等情况。

　　表 3.3-2 所示为结构化面试提问库。直线经理可以从该表格中选择提问的内容。

表 3.3-2　结构化面试提问库

序号	题目内容	关键考查要素
1	谈谈你对所应聘的岗位的认识，为何选择这个岗位	职业准备 动机匹配
2	你觉得自己在大学期间学习的知识和在实践中积累的经验对你应聘的岗位有什么帮助	职业准备 动机匹配

序号	题目内容	关键考查要素
3	你在大学时遇到的最具挑战性的事情是什么 你为什么认为那次经历对你最具挑战性 你是怎样应对的	成就意愿
4	假如你在举办重要活动（或参加实习工作）时，突然得到学校的去国外交流学习的机会，你会怎么做	成就意愿
5	你在以往举办过什么活动 你承担了什么角色 过程中有没有遇到困难 是怎么解决的	应变思维
6	领导要你 4 天完成一件工作，突然要求缩短至 2 天完成，你怎么办	应变思维 执行力
7	现在许多大学生都喜欢扎堆在大城市或发达城市，不愿意去项目部或偏远地区，你如何看待这个问题	逻辑思维能力
8	如果你是路标，你希望是什么标志，为什么	创新思维
9	你和同事一起做了很多工作，甚至有些方面你做得更出色，然而领导却经常表扬你的同事而时常冷落你，有时还很不留情地批评你，这时你会怎么办	心理素质

4. 切——切中要害

中医通过切脉或接触病人的手、皮肤、腹部、四肢及其他部位诊断疾病。在招聘面试中，"切"就是切中要害，了解面试者的关键信息，验证其所陈述的其他信息的真实性和可靠性。

某公司招聘一名会计。面试官最终对应聘者小陈感到很满意。小陈各方面的条件都相当优秀，不管是个人能力还是工作经验，在应聘者中都是出类拔萃的。

不过，直线经理刘经理还想通过切入话题来进一步了解小陈。刘经理和小刘深入聊起了她离职的原因。通过谈话，刘经理发现，小陈原来所在的公司规模比现在大，职位、薪水也比现在高，而谈到离职的原因时，小陈却不愿意进一步讨论。

刘经理认为其中很可能存在隐情。随后，他通过侧面了解，发现原来是因为小刘某些行为不端而被辞退。于是，刘经理委婉地拒绝了她。

在面试前提交简历时，有些应聘者会刻意隐瞒一些不利信息，比如离职原因、伪造学历、虚假业绩等。同时，他们也有可能对某些想法避而不谈。为了避免受到信息不对称的干扰，直线经理需要用"切"的方法调查面试者的背景，获取真实信息。这一点对重要岗位的招聘是格外重要的。

实际上，"望、闻、问、切"四种面试方法不是相互孤立的。直线经理可以综合运用上述方法，对应聘者进行全面测试，从而找到真正的人才。

当然，直线经理还可以对自己的提问水平进行自测，如表 3.3-3 所示。

表 3.3-3　面试官自测表

序号	问题	是	否
1	听到候选人谈到自己不感兴趣的话题时，不自觉地皱眉头		
2	谈话时常常双手交叠抱在胸前		
3	喜欢坐在椅子上抖腿		
4	经常和面试者进行目光交流		
5	微笑着倾听面试者的谈话		
6	常常打断面试者的谈话		
7	一边听面试者谈话，一边摆弄手上的铅笔、茶杯等		
8	一边听面试者说话，一边左顾右盼，像在寻找什么东西		

3.3.3　面试工作的要点

面试工作的要点，如图 3.3-3 所示。

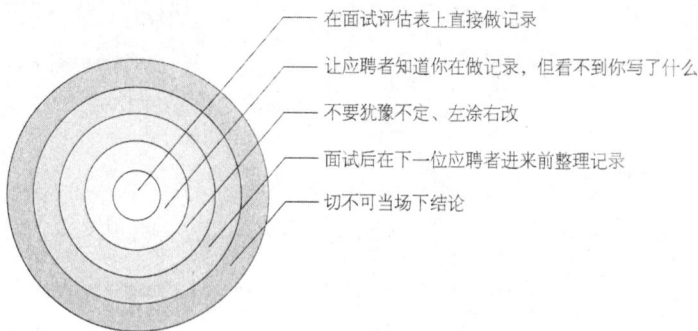

—— 在面试评估表上直接做记录

—— 让应聘者知道你在做记录，但看不到你写了什么

—— 不要犹豫不定、左涂右改

—— 面试后在下一位应聘者进来前整理记录

—— 切不可当场下结论

图 3.3-3　面试工作的要点

面谈结束后，直线经理首先要统计整理面谈结果，然后对应聘者的"分数"排序并形成记录，最后通知人力资源部门确定的录用人选，便于安排新人的到岗时间。由于应聘者中那些优秀人选往往不止应聘一家公司，许多公司都有可能向他们抛出"橄榄枝"，所以整个流程应该迅速、及时。

另外，在面试结束后应准确地做好排序工作。最佳方案是首先确定最合适的应聘者作为"正选"，后面几个作为备选。这样，人力资源部门在安排录取通知时，就会按顺序来依次处理。

表 3.3-4 为面试记录表，面试官可以用此表记录应聘者面试时的行为。

表 3.3-4　面试记录

应聘职务		姓名	
面试目的		时间	
专业能力		知识面	
应变能力		思维能力	
亲和力 （团队精神）		对公司的了解程度	
适合度		名次	

直线经理应牢记，任何公司和部门在选择人才时，所遵循的原则都是"挑选最合适的"，而不是"最优秀的"。一旦确认录用对方以后，就要立刻着手做好准备，让入选者尽快开始工作，这样很容易让应聘者对公司和团队留下良好印象。

3.3.4 说服心仪应聘者的四大绝招

成功的招聘应当是双向吸引的。当直线经理遇到自己欣赏的人才时，对方是否欣赏你所提供的工作岗位，将成为能否开启良好合作的重要基础。通常来说，直线经理吸引并说服心仪应聘者有四大技巧，分别如下。

1. 用兴趣吸引

直线经理应判断应聘者是否对所应聘的职位真正感兴趣。

兴趣能充分激发一个人的潜能，当兴趣与职场产生交集时，人们的心理会获得最大的满足体验，进而产生愉悦的工作情绪。相反，如果兴趣与工作背道而驰，即便能够完成工作，其效率也势必低下，本应投入努力的工作最终会变成敷衍了事。

2. 用感情稳心

所谓感情稳心，就是重视、尊重、爱护人才。上司与下属之间的关系融洽，往往能激励员工在上司的领导下努力奋斗，而双方关系的起点就是从招聘应聘开始的。如果直线经理能够利用宝贵的面谈时间向心仪人才展示自己的目标感、使命感，传递积极向上的企业文化信息，对方在被打动的同时，也会对你油然而生钦佩敬重的情感。这对将来上下级之间的相互配合，无疑具有相当有益的作用。

3. 用事业激励

面对优秀的人才，还可以用事业成就去激励他们。几乎所有的优秀人才都有明确的人生目标，他们不仅希望工作回馈给自己不错的薪资，更希望通过工作实现自己的人生价值。为此，他们迫切需要在更有前途和希望的团队内工作。因此，对于那些充满志向和抱负并有着清晰职业规划的应聘者，直线经理不仅要向他们描述新岗位的工作职责，更要让他们从中看到不同以往的希望。

当然，用事业激励并不意味着"画饼"。在畅想未来的同时，也要让人才看到自己能从新工作岗位中获得的收益。

因此，在和人才面谈时，你要将工作内容与员工的职业生涯联系起来，激励他们为提高收入和拓展发展空间而努力。这样，他们会从你的态度中吸取力量，认同你描述的愿景。最起码，他们能够感受到工作的使命感和成就感。

4. 用薪资稳固

如何用薪资稳固来吸引人才？可以看下面的案例。

海底捞对待员工的积极态度首先体现在为员工提供的较高工资和优厚福利上。

在海底捞工作的员工，其基本工资普遍高于同行业平均水平。

除了收入之外，海底捞员工还能享受到诸如婚假、产假、丧假以及探亲假等各种假期，公司也会为员工提供各种相关补贴。与此同时，公司还会依法给员工办理各种保险。

海底捞的工资和福利待遇对其所需要的人才极具诱惑力。对一些不具备独特技术能力的打工者而言，这样的工资和待遇带给他们的不仅是生活上的收入保障，更让他们体会到了工作者的尊严。正因为受到公司固定薪资的吸引，绝大多数员工产生了积极工作的激情。这种高昂的工作激情，正是他们为企业创造价值、为客户提供优质服务的保障。

需要注意的是，当直线经理运用上面所说的方法去说服应聘者时，还应回避招聘工作中最大的禁忌——推销职位。

马云刚创建阿里巴巴时，团队只有十余名员工，尤其欠缺IT技术人才。经人介绍，一位来自香港的IT高手饶彤彤来到杭州面试。与马云一番谈话之后，公司的愿景和文化吸引了他，但马云也坦言，现在工资很低，每个月只有500元。饶彤彤惊呼："这都不够我给女朋友打电话的钱！"对此，马云并没有做出过多解释，也没有向饶彤彤推销职位。然而，饶彤彤通过和其他员工的接触，进一步认识到了阿里巴巴的价值并迅速入职，成为这家公司的"十八罗汉"创始人之一。

　　许多直线经理在招聘员工时，为留住或吸引那些适合本岗位的员工，会向这些应聘者努力"推销"自己的公司，例如夸赞企业、吹嘘部门甚至自己等。虽然这样做的动机是好的，但效果往往不佳。实际上，这种做法正是不自信的表现。

　　无论管理者多么想邀请应聘者加盟，都不应该向他们直接进行"职位推销"。这是因为优秀的应聘者在面试前肯定已经做了准备工作，他们知道自己想要什么样的工作，也能通过面谈确定你所提供的岗位是否适合他们。因此，如果你一开始就扭曲了员工和上级之间的关系，即便吸引到了员工，也很可能会为后期管理工作带来麻烦。显然，员工对能够参加工作而心存兴奋和感激，要比他感觉加入公司是给你帮忙有着天壤之别。

　　面对那些非常合适而你又想吸引到的应聘者，你要做的就是描述职位和公司，并直率地回答应聘者的问题，然后等待他们做出明智的决定。作为管理者，你要相信，应聘者是可以鉴别出适合自己的机会的。

3.3.5　选人、荐人的 3 种人力资源方法

　　企业人才的问题往往表现为兵多将少缺帅才，而这需要正确利用人力资源管理运营的方法才能顺利解决。

　　一般来说，企业员工可以分为 4 类，如图 3.3-4 所示。

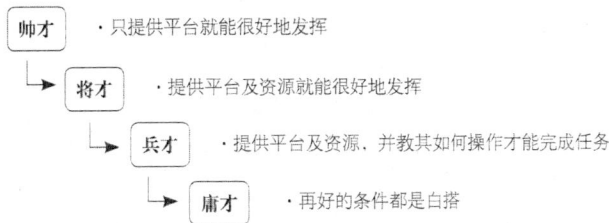

图 3.3-4　4 类企业员工

对直线经理来说，通过招聘面试发现合适的人才很重要，懂得如何利用推

荐方式来选择人才也是同样重要的。

选人荐人的方法主要有以下 3 种。

1. "一分钟"介绍法

在面试时，直线经理要将自己正确介绍给对方。良好的介绍方式能够促进彼此的了解和交流，为获得面试者的详细资料打下良好基础。

面试官在自我介绍时，可以包括基本信息、工作职位、负责面试的工作内容等，也可以包括兴趣爱好、特长等。

直线经理在进行自我介绍时需注意以下几点：自我介绍的时间最好控制在一分钟之内；语言要简练，将有效信息在短时间内传达给对方；自我介绍时要落落大方、不卑不亢；在自我评价时，不要妄自菲薄，也不要狂妄自大；实事求是地客观评价自己；在语言方面，可以力求风趣幽默、有新意，脱离千篇一律的自我介绍方式，给人留下深刻的印象。

2. 挖掘法

直线经理可通过挖掘面试者的潜在信息来决定是否录用，即招聘中常见的挖掘法。

要想在面试中获取应聘者的潜在信息，首先要在发问前通过适当的寒暄来转移对方的注意力。例如，谈论天气、讨论热门话题等都是很不错的方法。一方面，通过寒暄可以有效体现面试官对应聘者的关爱和重视，营造轻松良好的沟通氛围；另一方面，也有利于实现与应聘者由"博弈对立体"向"合作共同体"的转变，达到开诚布公、知己知彼的沟通境界。

在运用挖掘法的过程中，直线经理应该注意提问的艺术，一定要提醒自己注意提问过程中表现出的形象和素养，尽量防止个人偏好和个人情绪的影响，同时不断总结经验。

具体而言，如何才能最大化地获取应聘者的潜在信息呢？一言以蔽之，察言、观色。

所谓"察言"，就是通过应聘者讲述过去发生的事件来挖掘其所具备的能力。

在"察言"中，要把握两方面的问题。

（1）注意应聘者的讲述方式

有的应聘者可能倒序讲述工作经历，有的应聘者可能顺序讲述工作经历。不管应聘者采取何种方式讲述工作经历，直线经理要注意的是其讲述方式的连贯性、具体性、核心性，并进一步分析其中的逻辑。如果应聘者一会儿倒序讲述，一会儿又顺序讲述，给人很游离和空泛的感觉，那么就很难认为对方有能力胜任职位。

（2）注意应聘者的语气

语气是心理活动的反映，在关注应聘者语气方面，直线经理要重点分析判断应聘者讲述时的语速，如是否有轻重缓急、是否给人自信和铿锵有力的感觉。

不仅"察言"，还要"观色"。具体来说，"观色"要做好两点工作。

（1）观面部表情，如脸色和眼神等

应聘者回答问题时，如果眼睛往左看，说明在回忆已经发生的事情；眼睛往右看，通常是在想象还没有发生的事情。

又如，当问应聘者"你觉得周末有时加班可以接受吗"，应聘者口中回答可以，但不经意地抽了下鼻子。这个抽鼻子的表情同样传递出其内心的怀疑和不安。如果能够看懂这个表情，直线经理就应该继续追问，确认应聘者是否真能接受。否则，即便应聘者在当时的气氛下做出肯定的答复，也极有可能做不到。

（2）观姿态，如行动姿态是否有特点、讲述时的手势是怎样的

一家公司在招聘员工时，面试的桌子是长方形的，直线经理事先并不进入房间，而是通过监控观察应聘者如何进入房间。如果其一进门就选择在主位坐下，说明自我意识强烈，但为他人着想的能力有所欠缺；而直接坐到角落里的人，说明其可能不太善于融入团队；在等待面试官的时间里，坐在座位上看资料不说话的人，性格较为稳重，但可能不太善于交流沟通；如果四处走动，找人攀谈，说明性格比较随和开朗，但有可能不够谨慎。

不同岗位对员工的性格要求不同，通过"观色"，能够更好地挑选出直线

经理想要的人选。

总之，"察言"在于检验应聘者讲述信息的真实性，"观色"则在于获取应聘者自身都忽视了的信息。在发掘信息的同时，直线经理还应记录所发现的结果。

3. 避免老员工介绍

直线经理在招聘员工时，应尽量避免老员工介绍。

这是因为，如果员工彼此之间有着同学或朋友关系，他们很可能会一致行动。最常见的情况是，如果有一个人辞职，他可能会说服其他人一起辞职。

如果是中小企业，通常一个部门只有几个人，如果有两个或更多的人同时辞职，就会打乱部门正常的经营计划。所以，一定要避免这种情况。

总体来说，招聘工作看似容易，实则面临着各种困难。无论需求如何，直线经理在绝大多数情况下必须牢记原则：宁肯招不到人，也不要将那些不合适的人招进来。如果因为种种原因而轻易放宽用人要求，最后损失的必然是部门甚至公司的长远利益。

3.4 识才的未来趋势

在企业参与激烈的市场竞争的同时，人才的争夺也越来越引起大家的重视。为什么直线经理们今天不仅要关注业务发展，还要能识别和选拔人才？从本质上看，这是社会发展阶段不断更新迭代的必然。

3.4.1 人才环境发生了根本变化

自从有了人类社会，社会发展大体经历了以下 4 个阶段。

第一阶段是原始蛮荒时代。在原始社会中，人类依靠相互团结协作战胜洪水猛兽，组织形式是血缘部落。因此，原始人的相互交往主要限于血缘关系的氏族部落中，活动空间有限，视野非常狭小，仅能通过自己的实际体验和模仿长者的做法，学习狩猎、种植、采摘等个体生存技能。

第二阶段是农耕经济时代。这个时代出现了地主或领主，他们雇佣长工耕种土地，或把地租给佃农耕种。这种传统的农耕经济是自给自足的自然经济，以家庭为单位，男耕女织，经营规模小，所生产的产品主要以满足自身需要为主，没有太多的市场和商品交流。因此，人们和市场的联系甚小，对外界的变化仅仅通过道听途说来感知，封闭性同样不可避免。再加上普通人的大部分时间被束缚在土地上，缺少跟社会的交往，其组织形式只能采取同宗族群的方式，由德高望重的长者决定族群的事务。即便有了文字和文明，也只有小部分的官宦家庭子弟才有学习和接受教育的机会。

第三阶段是工业经济时代。以 18 世纪瓦特发明蒸汽机为标志，人类历史发生了第一次工业革命，进入工业经济时代。此时，企业和工厂陆续出现并逐渐规模化。农民放下锄头走进工厂，逐渐成为与生产资料、设备、资金一样的资源，被企业家整合利用。

英文中的"企业"一词是"enterprise"，它由"enter"和"prise"两部分组成：前者具有"获得，开始享有"的含义，可以引申为"盈利、收益"；后者有"撬起、撑起"的意思，可引申为"杠杆、工具"。两个部分结合在一起，表示"获取盈利的工具"。可见，企业内的一切都应是获取利润的工具。

为了让员工产出更多利润，管理者开始关注员工技能的提升，并对员工进行训练。许多专业人士也开始研究如何提升人力效率，如亚当·斯密的分工理论、泰勒的科学管理、赫茨伯格的双因素理论、马斯洛的需求层次理论等，其目的都是为了改善工作流程，提高人才的工作积极性。

不过，在此时的培训和训练过程中，学习者大都是被动的，更多是管理方为了自身利益最大化而将提高效益的方式强加给员工。由于员工与公司靠契约关系联系在一起，员工在一定时间内向企业主出卖劳动获得收入，因此参加培训和训练依然更多地属于谋生的手段。

第四阶段是知识经济时代。这时，人们的生活水平逐渐改善，文化程度普遍提高。人类社会凭借越来越便捷的传播工具，发生了"信息大爆炸"。尤其是进入移动互联网时代，更加便利了人群的沟通，减少了获取信息的时间和难度。

在这一时代，个人和企业要想成功，不再取决于掌握多少知识和资源，而是看其如何有效运用知识和资源。因此，企业和个人能够凭借自己所掌握的知识、技能、信息和资源去创造价值。即便那些看似默默无闻的年轻人，也很有可能是网络社区的意见领袖，能够轻而易举地撬动重要的商业项目。可以说，只要个体所拥有的知识、技能、信息能转化为被人需要的资源，他们组成的企业就有存在和发展的机会。

另一方面，伴随互联网成长的"90后"甚至"00后"新生代陆续进入社会。他们更多关注自身的价值观和内心感受，追求独立与自我风格，不愿再受传统管理方式的束缚。

因此，用人组织在知识经济时代既要利用员工的知识和能力资源，也要正确关注员工的成长，通过建立富有创造力和自由宽松的工作环境，提供更广阔的发展平台来吸引人才、为己所用。

遗憾的是，不少企业的人力资源工作，并未想到结合社会发展阶段来调整相关政策，甚至十几年来都使用相同的培训模板、内容和方式，导致人力资源工作成了企业发展的瓶颈。

笔者曾为一家拥有数千名员工的企业做过一次员工满意度调查，发现导致员工离职的因素中，排在前三位的就有"缺乏学习和成长机会"。当员工因此而感到不满时，也就很难有团结奋进的集体。

无论是企业家，还是每一个在部门领导岗位上勤恳奉献的经理人，都应该为每个企业员工提供充分锻炼和展示个人才能的机会。

不仅如此，还要让他们有充分的机会发表观点，并在力所能及的范围内允许其分享组织的进步。这样，工作就会在为其带来充分物质回报的同时，也成为其精神生活的重要部分，使其感受到社会与企业的发展和进步。

3.4.2　每个人都从事招聘——人力规划

企业组织如同生命发展，有内在的生长周期规律，从出生到成长、老化直到最后死亡，其中每个阶段的人力规划都有各自的特点。

1. 开创期

开创期指公司刚刚创立，即所谓"打天下"的时期。这一时期的首要任务是先求生存并占据一定的市场份额。因此，这一阶段的人力计划无法做到完全精准的预测。直线经理或人力资源经理都要注重弹性策略，想方设法力邀高手加入，共同"打江山"。

2. 成长期

成长期是企业发展的第二阶段。这个阶段企业有了基本架构，运行也基本走上正轨，可以制定出完整的人力计划管理方案。

例如，总部在北京的某公司处于成长期，想在山东设立分公司，把总部的一些员工抽调到山东。这就是比较稳定环境下的人力规划。因为公司基本的组织架构已经确定，不会出现混乱的情况，所以只需考虑是否影响在京公司的经营即可。

3. 成熟期

企业发展到成熟期时，组织架构已完全成熟稳定，无论是部门还是分公司都已设立齐全。此时，人力资源规划最主要的任务在于积极调整改善，弹性设立和运用相关计划，确保人力资源的价值得以最大化发挥。

例如，某公司在各地都设了分公司，根据业务发展需要成立了华北、华东大区。人力资源的主要运用目标就转化为从分公司挑选优秀人才担任华北区、华东区的高管，并通过他们的领导和管理推动不同分公司的业绩增长。

4. 衰退期

企业在成熟期之后，有可能进入衰退期。这时，产品市场占有率开始降低，导致人力资源过剩，这时就有必要重整或缩编。人力运营计划由此会分成两个部分：挑选可以留下来的人才成为新的人力资源规划的重要部分；确定需要离开企业的人，为企业未来转换方向腾出位置。

这些都是在企业进入衰退期之前，直线经理需要为人力计划所设计的内容。直线经理可以依据绩效考评、工作表现来进行分类，并根据实际情况做出调整。

第 4 章

用人：
如何适岗适才、把握核心

　　对于后备人才，直线经理应进行有针对性的培养，尤其应注意不同培训方式的选择和运用。一般情况下，面向管理人员的培养，更多应侧重领导能力的培养，通过轮岗来使其熟悉不同的岗位职责，掌握更多管理方面的知识和经验；面向基层员工的培养，更多应集中在工作和服务技能上。培养，也需要依用人情况进行调整，所以我们先从用人说起。

4.1 用人的新境界

直线经理应根据岗位职责的要求，选择合适的人选。

直线经理在安排员工工作前，要详细了解不同岗位的工作内容、地位、价值、对人员素质技能的要求等。同时，直线经理也要尽可能地了解员工的文化程度、教育背景、性格特征、气质类型、兴趣所在、工作能力、健康情况甚至其家庭背景、社会关系等，从而确保将符合要求的员工安排到适合的岗位上，提高用人的准确性，减少失误。

在此基础上，直线经理达到用人新境界的具体要求如下。

4.1.1 用人不疑，疑人不用

直线经理在决定聘用人才之前，需要对其综合能力和人品素养进行全面考查。此时，适当的怀疑是必要的，只有充分"怀疑"一个人，然后去客观考查、了解其特征，最终解决所怀疑的问题，才能建立起公正、客观的信任感。

之所以要在考查期间"疑人"，就是对备选员工的能力或品格留出考查的空间，不能盲目信任。如果没有解决疑点，就不能贸然委以重任。这就是所谓的"疑人不用"。

反之，当决定任用某人之后，不管其最初表现是否让你满意，你都应该选择相信下属，相信他能完成岗位工作任务。即便他最终没有完成任务，也应该通过企业的规章制度加以追究和处罚，而不是盲目怀疑。这就是所谓的"用人不疑"。

准确地说，"疑人不用"是对企业和部门负责，"用人不疑"则是对员工和下属的信任。只有负责没有信任，团队的气氛就会非常紧张；只有信任而没有负责，团队的气氛就会非常松散。只有正确处理"疑人不用"和"用人不疑"的关系，达成负责与信任之间的平衡，才能提升领导者用人的境界。

在暂时没有完全信任某个员工时，直线经理可以利用公司赋予的权力，采取适当措施对其进一步了解和考查。例如，委派其从简单的工作做起，对其能力进一步了解和确认；解聘那些始终无法赢得信任的员工，为值得信任的员工创造进步空间等。

与此相比，直线经理还应该担心员工对自己的不信任。普通员工没有权力"炒掉"领导，如果持续存在对领导的不信任，他们就会表现出消极的工作态度。这无疑会给团队的战斗力带来很大的负面影响。

某家知名银行的管理者直接授权给企业中层雇员，允许他们自行进行营销投入。曾经有人提出担心中层会投入过多成本，但事实上，由于员工选择得当，不仅没有浪费成本，反而通过精准的营销活动维护了良好的客户关系，使该银行的业绩水平成为业内楷模。

在某生产环保材料的企业的采购部，经理办公室和普通员工一样，设立在开放的大厅中，每个普通雇员站起来就能看见经理在做什么。在管理上，员工负责采购等事务时，除了正常报销之外，部门还会额外付给辛苦费。这个举措不但杜绝了员工弄虚作假的心思，而且也让员工感到被信任，整个团队的工作效率得到提高。

上述案例体现出直线经理给予下属充分信任的效果，其中最明显的变化在于增强了员工对团队的情感认同。这种建立在情感上的相互信任能够形成团队高效运营的坚实合作基础。当直线经理给成员以充分信任和安全感时，成员就会真正认同自己的团队，并为团队贡献自己的力量。

4.1.2 情景领导，方显智慧

在用人的新境界中，直线经理不仅要学会用人不疑，更要懂得情景领导。

所谓情景领导，就是当直线经理在领导下属时，不能采用一成不变的方式，而应在不同的情境中灵活运用不同的方式方法完成任务。

与员工发展阶段相对应的领导方法主要包括以下 4 种，如表 4.1-1 所示。

表 4.1-1 与员工发展阶段相对应的领导方法

序号	领导方法类型	具体内容
1	教练型领导	向员工解释工作内容及工作方法，同时继续指导员工去完成任务
2	指令型领导	对员工的角色和目标给予详尽指导，并密切监督员工的工作成效，以便对工作成果给予经常的反馈
3	支持型领导	领导者和员工共同面对问题，制订解决方案，并给予员工鼓励和支持
4	授权型领导	提供适当的资源，完全相信员工的能力，将工作任务交由员工全权负责、独立作业

在情景领导理论体系中，上面的 4 种领导方法没有优劣之分，只有风格和适用性不同。情景领导成功的关键在于能根据员工的状态及时调整领导风格，来适应下属所处的状态。

下属的常见状态有以下 4 种。

1. 不能、不愿意，或不能、无把握

这时，下属的表现为消极的学习者（工作水平低，工作意愿也低）。对此，直线经理应采取"指令式的管理风格"，通过命令和严格的监督来直接引导与指示下属，向他们施加必要的压力。

2. 不能、但愿意，或不能、有信心

如果下属表现为热情的学习者（工作水平低，工作意愿高），则直线经理为适应该阶段特点，应该采取"教练式的管理风格"，通过指导、支持、激励下属，使其尽快地学会知识、提升技能。

3. 有能力、不愿意, 或有能力、无把握

如果下属表现为谨慎的执行者 (工作水平高, 工作意愿低), 则直线经理就应该采取"团队式的管理风格"来激励和管理下属, 帮助员工全面融入团队中, 围绕共同的目标解决他们的意愿问题。

4. 有能力、愿意, 或有能力、有信心

如果下属表现为高效的完成者 (工作水平高, 工作意愿高), 则直线经理就可以采取"授权式的管理风格"。在这种管理风格下, 直线经理可以将工作交给下属, 让他们自主完成, 而直线经理更多只需进行监控和考查的工作。

4.1.3 目标管理, 绩效面谈

有人路过建筑工地, 问三个正在工作的石匠: "你们在做什么?"

第一个石匠说: "混口饭吃。"

第二个石匠一边敲打石块一边回答: "我在做全国最好的石匠活。"

第三个石匠眼中闪烁着智慧, 说: "我在建造一所宏伟瑰丽的大教堂。"

尽管干着相同的活, 三个石匠的内心所想截然不同, 其工作目标也就有所不同。目标的意义在于指导行动, 而三个石匠各自的目标不同, 其工作所产生的最终结果也注定不同。

由此及彼, 员工个人需要更高的工作目标来自我激励, 团队也同样如此。直线经理有必要让每个团队成员都能看到更高的集体目标, 也有责任为团队及时指出和修改集体目标。因此, 目标管理是直线经理提升团队士气的重要方法, 特别是销售类的业务团队, 更需要目标管理的有效指引。

那么, 什么是目标管理呢? 直线经理又该如何实施呢?

1. 目标管理

目标管理，需要直线经理转变工作角色，从单纯管控下属成员的上级变成与下属一起设定客观标准和目标的战友。在这种转变之下，员工能得到充分激励，发挥积极性去完成工作。

目标管理分三个阶段。

第一阶段为设置目标；

第二阶段为管理实现目标的过程；

第三阶段为测定与评价所取得的成果。

在设置目标时，要坚持以"人—事"相结合的原则科学设置。直线经理首先应掌握企业近期和远期的战略目标，再根据分解的目标任务制定本部门的策略目标。随后还应结合策略目标，制定每个员工的任务目标。

在对总目标逐层推进分解的进程中，直线经理应确保每个层级的目标既有可行性又有挑战性。所有目标的制定必须由责任人从实际情况出发，对人力、物力、财力和环境状况做出精确判断。每一部分的目标都应既有可行性，又有挑战性。高不可攀的目标会令人望而生畏、丧失信心；唾手可得的目标又会降低目标的激励作用。合理的目标应该是"跳一跳，摘得到"，即合理目标是人们经过努力可以实现的。

用公式表示，具有激励作用的目标应是：现有能力 + 有待发挥的潜力 = 实现目标。

此外，目标还应适合组织成员的实际需要。目标的激励作用来自一旦获得即可满足的功能特征，而满足需要的前提是符合需求。只有真正符合组织成员需要的目标，才能对组织成员有吸引力和激励效果。鉴于不同人的价值观、面临的问题、实际能力和外部客观条件的差异，直线经理应尽量针对各部门和各成员的具体情况，制定适合其需要的不同目标。

在上述基础上，让员工积极参与目标的制定是通过激励获得成功的先决条件之一。员工参与制定目标并承诺目标后，会感到自己也在为组织的总目标而身负责任，这种责任感会使他们以极大的热情投入工作。

2. 绩效面谈

通过绩效面谈，直线经理可以追踪和辅导员工绩效，并取得良好的效果。如果能够开展持续和客观的绩效面谈，就有可能把员工充分融合到企业文化的氛围中，让员工成为部门绩效的倡导者。

因此，绩效管理的重点要素中，除了目标管理实现绩效导向外，就是通过绩效面谈达到无缝沟通。不仅如此，为员工提供"绩效面谈"的机会，相当于给员工打造了客观、公平、公正的开放平台。

测试：管理干预用人水平测评

直线经理对人才的测试方法可以参考传统智慧，下面是古人文集中的"测人七法"。

问之以是非而观其志（与之讨论善恶是非，考查其心志是否正派）；

穷之以辞辩而观其变（以诘问辩论的方法，考查其应变能力）；

咨之以计谋而观其识（与之商议计谋，考查其见识是否明智）；

告之以祸难而观其勇（找危险困难之事让其应付，考查其勇气）；

醉之以酒而观其性（乘其酒醉显真之时，考查其本性）；

临之以利而观其廉（以利相诱，考查其操守）；

期之以事而观其信（交办任务，考查其是否值得信任）。

现代的管理干预用人水平测试如表 4.1-2 所示。

表 4.1-2 管理干预用人水平测试

形式（style）	类型和风格	优势	过度发挥的负面影响
PR	告知型	直截了当	下属无能
IN	信息型	聚焦点在原因上，分析效果强	显得啰唆
CO	质询型	挑战他人，质疑原因	人际关系紧张
CT	导泻型	同理心	无法正常处理
CL	催化型	引导出新视角	因时间压力无法使用
SU	支持型	信任度高	员工过于依赖

注：其中 PR 代指"告知"，IN 代指"信息"，CO 代指"质询"，CT 代指"导泻"，CL 代指"催化"，SU 代指"支持"。

1. 告知型

通过提问给予下属建议和指示，直接指明方向。

2. 信息型

给予下属知识、信息和含义，简单明了地提供信息。

3. 质询型

对观察到的下属行为加以描述，给予反馈。对下属的惯性思维进行中止，挑战他们的假设。

4. 导泻型

辨识下属的思维和情绪，邀请他们重新回顾曾经的体验与反思。

5. 催化型

促进形成开放的、意味着新方向的对话，鼓励下属的新思维、新角度、新行动。

6. 支持型

给予员工关注、认可和肯定，增强对方的信心。

4.1.4　六大干预水平的用人场景

图 4.1-1 所示为六大干预水平的用人场景，即不同的干预水平体现出的不同管理情境。

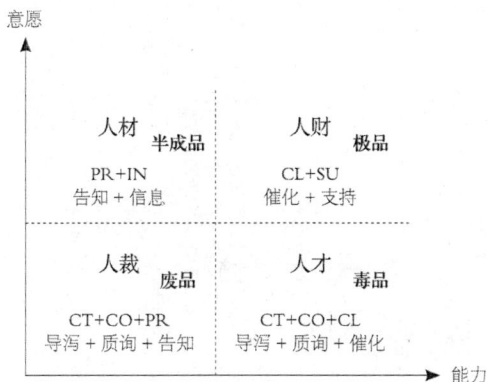

意愿

人材　半成品
PR+IN
告知 + 信息

人财　极品
CL+SU
催化 + 支持

人裁　废品
CT+CO+PR
导泻 + 质询 + 告知

人才　毒品
CT+CO+CL
导泻 + 质询 + 催化

能力

图 4.1-1　六大干预水平的用人场景

在日常工作中，直线经理经常将六种不同的干预风格结合起来，通过情景领导提升绩效。

情景领导理论认为，领导者的行为要与被领导者的意愿和能力相适应，才能取得有效成果。此处结合下属能力与意愿的两大维度，可以总结出四种不同类型的干预场景。

1. 人财（高能力、高意愿）

对于高能力、高意愿员工，如果直线经理采用告知方式，很容易导致工作氛围趋于不信任。因此，直线经理只需使用引导、催化式的沟通方法，例如"你的想法是怎样的呢？你认为需要的预案还有哪些呢"等，让他们自己做出决策。直线经理负责积极主动地提供支持，确保他们敢于做出并执行决定。

换言之，催化和支持的方式，更多是为了保护好下属。这是因为高能力、高意愿的员工可遇而不可求，是能够带动整个团队的"定海神针"。

2. 人材（高意愿、低能力）

这种类型的员工主要集中在新进入部门的群体中，如刚毕业的大学生或刚转行的员工等。他们的共同特点在于有积极向上的愿望，但并不熟悉业务，也不能立刻展现能力。对这样的下属，直线经理要对他们进行一段时间的打磨，给他们相对的成长空间，让他们慢慢成熟。

直线经理在培养该类型的员工时，对其能力体系中确实的部分要先给予告知，确保员工能够知其然也知其所以然。这就需要使用信息式的沟通风格。当下属对这些正面信息全部接收之后，信心就会逐步建立，并充分投入到工作中。

当该类型员工面对困难和挫折时，直线经理应从人才长期培养的角度着手，对其进行质询，让他们在工作中不断思考不断修正。同时，还应该采取导泻方式，帮助他们缓解情绪，保持高涨的工作热情。

3. 人裁（低意愿、低能力）

某些直线经理喜欢放任新员工，总是让他们自行摸索，而不愿意给予充分有效的辅导。当这些新员工出现错误时，这些直线经理对他们一味质询。在这种长期没有安全感的压力之下，新员工的工作意愿度就会逐渐下降，慢慢掉入"人裁"行列。

这样的"人裁"是无法为组织带来绩效的，甚至有进一步倒退为"废品"的可能。但实际上，只有放错的人才，没有所谓的"废品"。在很多情况下，即便那些看起来只能被清退的员工，也有可能是因为基层管理工作方式不当而造成的。因此，当直线经理发现问题的苗头后，就应及时用导泻的方式来帮助员工处理内在的负面情绪，激发其工作意愿，用类似的方式来推动他们回到人材（高意愿、低能力）群体。

4. 人才（低意愿、高能力）

这种员工通常任职时间比较长，长期工作使这类员工的能力不断提升，但对组织的期待却长时间没有得到满足，比如，无法晋升、无法加薪等。为此，他们在工作中积累了大量负面情绪，工作意愿逐步降低。

为此，直线经理首先要处理其情绪问题，比如，用导泻的方式来释放其负面情绪。情绪问题得到解决后，直线经理与下属也收获了一定的信任。此时，直线经理有责任让下属反思（通过问询）为什么会长时间处于低意愿的工作状态。

通过提出类似问题，直线经理既要让下属有深层次的考虑（引导），关注其行为对自己和组织的影响，同时，也要让下属考虑如何改变行为。总之，直线经理要在工作上给这类下属充分支持，支持他们做出决策和行动，充分展现能力，进而期待他们能逐步向"人财"（高意愿、高能力）的目标迈进。

4.2 用人的基础——工作分析

若想构建和维持成功的团队，则直线经理需要做好团队人员的工作分析。

所谓工作分析，就是对职位设置目的、汇报关系、任职要求、主要职责、衡量标准、工作权限、工作方式、主要流程及制度等内容进行充分而详细的分析和说明。这就能使原本不了解该职位的人，通过阅读职位说明书很快清楚该职位设置的目的、上下左右的工作关系、工作范围、职责、工作权限、工作依据及任职条件。

4.2.1 工作分析在非人力资源部门的作用

工作分析是直线经理面对当前的工作所进行的分析，有利于解决招聘、培训、薪酬、绩效等方面的问题。

工作分析在非人力资源部门的作用如图 4.2-1 所示。

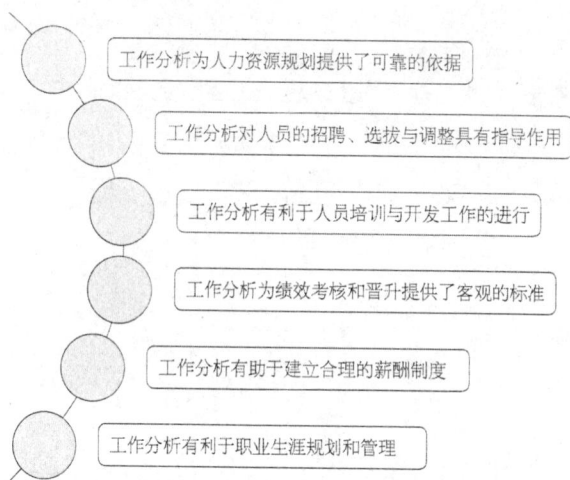

工作分析为人力资源规划提供了可靠的依据

工作分析对人员的招聘、选拔与调整具有指导作用

工作分析有利于人员培训与开发工作的进行

工作分析为绩效考核和晋升提供了客观的标准

工作分析有助于建立合理的薪酬制度

工作分析有利于职业生涯规划和管理

图 4.2-1 工作分析在非人力资源部门的作用

一般情况下，在团队遇到下列情况时，直线经理需要重点使用工作分析。

①员工对岗位职责不清时；

②员工从事某项具体工作的内容和完成该项工作所具备的知识、技能与实际情况不符，很难执行下去时；

③在工作中经常出现推诿、扯皮、职责不清或决策困难时；

④当招聘某个职位的新员工，很难确定用人标准时；

⑤当需要对新人进行培训，很难确定培训需求时；

⑥当建立薪酬体系，无法对某个职位的价值进行评估时；

⑦当对下属员工进行绩效考核，发现没有考核标准时；

⑧由于新技术出现，导致工作流程需要调整或变革时。

4.2.2 工作分析的 5W1H

工作分析的 5W1H 是指直线经理对选定的项目、工序或操作重点从原因（为什么做，Why）、对象（做什么，What）、地点（在哪里做，Where）、时间（何时做，When）、人员（谁来做，Who）、方法（如何做，How）六个方面提出问题，进行思考，具体如图 4.2-2 所示。

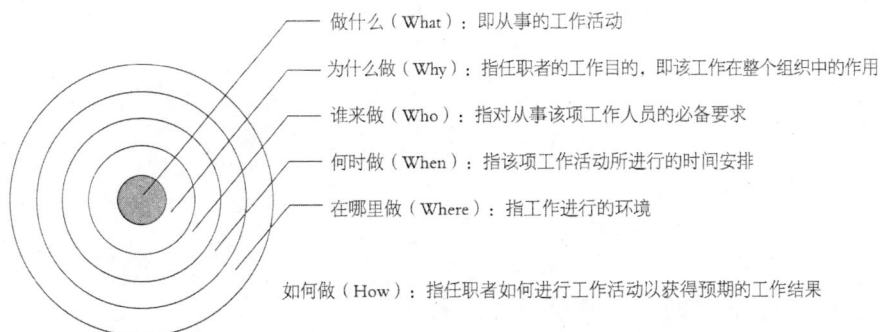

图 4.2-2　工作分析的 5W1H

　　直线经理利用 5W1H 能够对工作进行科学分析。直线经理针对某一工作岗位，在调查研究的基础上，对其工作内容（What）、责任者（Who）、工作岗位（Where）、工作时间（When）、怎样操作（How）以及为何这样做（Why），要按照图 4.2-2 所示的问题进行书面描述。在确定描述内容后，将之定为操作标准，以达到指导下属完成职务任务的目标。

4.2.3　工作分析九宫格

　　工作分析九宫格由九个方格构成。九宫格的中心是主题格，书写工作分析的主题内容。随后，将由主题所引发的各种想法或发现写在其余的方格中。

　　通过九宫格形式来对工作进行分析，直线经理可以从某个岗位工作的核心出发，向八个方向去思考。依循这一思维方式并加以发挥，还能扩散工作分析的思考范围。

　　九宫格内容的书写既可以按照常规的顺时针步骤推进，也可以根据工作重点对步骤进行自定义。

　　九宫格简单、有效、灵活，能够形象化地呈现出工作分析结果的重点，图 4.2-3 所示为实用中的工作分析九宫格。

周边工作职责"九宫格"自检

客户接洽人员 关键核心主业之一	直系上级 关键核心主业之一	相邻上级 关键核心主业之一
外部服务监督人员 关键核心主业之一	我的姓名 关键核心主业之一	相邻平级 关键核心主业之一
供应商接洽人员 关键核心主业之一	直系下属 关键核心主业之一	相邻下级 关键核心主业之一

图 4.2-3　工作分析九宫格

4.2.4　非人力资源部门如何定员编制

为了获取优秀的人力资源，不少企业都设立了专职的招聘人员负责企业的常年招聘。即便如此，直线经理在招人过程中也应发挥重要作用。能否招到优秀员工取决于各种因素，尤其离不开直线经理主导的定员编制。

直线经理如何定员编制呢？具体包括以下 3 个步骤。

1. 对现有的人力资源状况进行盘点

通过人力资源盘点，直线经理可以进一步明确部门的人员数量与结构，分析是否满足企业发展的需求，具有哪些优势和劣势。同时，还能及时发现并统计出人力资源的缺陷与问题，及时改进和完善，降低人力资源的使用风险。最终，直线经理在进行人力资源盘点时，可以通过效益与成本分析降低部门用人成本，提高工作效率。

人力资源盘点的主要内容如下。

（1）部门人力资源基本情况分析。其中有人力资源数量分析、结构分析（如间接与直接人力配比、各职能人力配比、管理与非管理配比等）、人力统计分析（性别、年龄、教育程度、工作年龄等）、人力资源能力盘点（关键人才能力盘点）等。

（2）外部环境分析。如国家或地区相关的人力资源政策、行业和地区的人才供求状况、人力资源对标分析等。

（3）部门用人状况及人力需求分析。部门的人力流入、流出和内部流动分析，部门及编制状况，人力需求和短缺情况分析，部门招聘指标分析，人才来源渠道分析等。

（4）部门人力资源管理分析。如部门培训状况分析、工作效率、人员成本分析、组织氛围分析、人力资源政策和制度盘点等。

表 4.2-1 是常见的人力盘点表，用于对具体员工的人力资源使用情况的盘点。

表 4.2-1 人力盘点

序号	岗位名称	在岗员工姓名	专业等级		个人素质（可提升潜力）		人格匹配		工作动机		岗位工作经验		建议
			岗位要求	个人水平	岗位要求	个人水平	岗位要求	个人特质	岗位要求	个人实际情况	岗位要求	个人实际情况	
职能 – 人力资源部													
1	培训主管	A	3级	1.5级	①组织能力②策划能力③沟通协调能力④讲师评估能力	较差	①助人②成就导向	成就感差	主动性要求高	一般，需要激发（可激发）	5年	1年	调整

2. 岗位调整

通过盘点，明确员工是否可以进行岗位调整，主要调整方向包括以下几种。

晋升——岗位、职责及福利同时晋升；

平调——加强沟通，相关劳动合同条款更新；

降级——不能胜任。

3. 调整的"三定"原则

部门的"三定"是指定岗、定编、定员。

定岗即组织设计，进而涉及架构、职责、职位；

定编即人员规划中的供需预测与计划平衡；

定员即人事安排，员工要"一个萝卜一个坑"。

4.3 绩效：企业永恒的主题

今天，所有的企业都在谈绩效管理。如何制定绩效并进行科学管理，日渐成为困扰企业的难题。成功的绩效管理并非只是通过表格、制度、考核就能轻松实现的，必须依赖于高效运转的管理体系，找准对企业、部门和员工进行考核的科学依据。

4.3.1 打造高素质团队的绩效管理

直线经理如何确保下属都能实现绩效目标？答案在于落实。

德鲁克在谈到绩效管理时指出，目标管理落实到部门，绩效管理落实到个人，以过程的控制来保证结果。换言之，在绩效管理中，最关键的部分是落实的程度。这也是目标管理的核心内容。

绩效管理的最终目的在于通过个人绩效目标的实现推动企业总体战略目标的实现。因此，对那些无法落实工作目标的员工，直线经理应该积极安排培训和教练，促进其业绩的落实。直线经理也可以通过调整岗位，使其找到自身的长处加以落实。对于培训或换岗后仍不能胜任的员工，直线经理应该考虑淘汰。

案例：华为的激励落实措施

公司的激励要落实到每个员工的成长收益上。华为技术有限公司（简称"华为"）通过合理划分等级选项，用"以岗定级、以级定薪、人岗匹配、易岗易薪"的制度来规范员工薪酬和奖金的发放。

（1）以岗定级

以岗定级即每一个职位都对应特定职级。因此，职级体现出不同岗位对公司贡献价值的不同，其中包括该职级员工对组织提供的绩效、为岗位创造的价值，也包括任职者个人的评估。

以岗定级的方法主要表现在以下两个方面。

其一，为每一类岗位确定岗位序列。例如市场岗位序列、研发岗位序列等，其中，研发岗位序列中还包含助理工程师、工程师、高级工程师等渐进职位。

其二，围绕职位序列进行相应评估，具体划分每个职位所对应负责的范围、控制的资源、形成的产出、面对客户和环境的复杂程度，各个部门经理以此为基础，明确身处部门内不同职位的员工所需的知识、技能和经验。

通过这一体系，华为可以对不同职位承担的岗位职责和产出进行准确衡量，最终用不同的职级数字来描述。

总而言之，华为能够努力发现每个员工的特长并将其安排到合适的岗位，做到"人岗匹配"。这样，员工得以最大限度地发挥自己的积极性和作用。

（2）以级定薪

以级定薪的出发点在于界定工资范围，利用职级工资表来形成激励差异。华为推行宽带薪酬体系，相应部门的主管可以根据本部门员工的绩效，在带宽范围内调整其工资。这意味着同一职级的员工中，主管可以根据其不同的绩效表现，确定不同人的具体工资。其中，特别优秀者会得到相应调薪，获得职级工资带宽所允许发放的上限工资。

由于华为不同职级薪酬的带宽区间存在重叠，如果个人能够持续贡献高价值，取得足够的绩效，工资就有可能超过上一职级的员工。这种薪酬制度又在利益上打破了职级序列的框架，可以充分调动员工的工作积极性，让每一位员工在自己的岗位上深耕不辍。

（3）人岗匹配

人岗匹配主要着眼于对员工和岗位责任之间匹配效果的评估，以确定员工个人的贡献是否符合岗位要求，其核心要素在于观察员工绩效是否达到了岗位的要求，其工作能力是否合乎岗位的职责要求。

例如，当对员工岗位进行调动时，华为会按照新岗位的要求对员工的能力进行认证。这一认证程序很可能会在调动后三个月或半年后进行。当完成人岗匹配后，华为会按照员工对新岗位的适应情况确定员工的个人职级和符合度，然后确定该员工的薪酬。

（4）易岗易薪

易岗易薪关注的是员工职级和绩效，用于在人岗匹配之后确定员工薪酬。这一方式主要针对有岗位变动包括升职和降级的员工。

当员工职位得到晋升后，假设该员工的工资已经达到或超过新职级工资区间的最低值，那么其工资既可以保持不变，也可以得到适当提升，主要看其绩效表现；但如果其工资没有达到新职级工资区间的下限，通常可以调整到新职级工资下限，也可以再向上调整，具体的依据也是其绩效表现。

同样，降级情况也需要根据员工绩效表现进行分析，在新的职级对应的工资区间确定调整后的工资。如果降级前工资高于降级后的职级工资上限，就要调整到所对应职级的上限工资或以下。

4.3.2　绩效管理的常用工具

面对员工职业化水准普遍不高的情况，如果直线经理只管结果、不管过程，必然得不到良好结果。而想要管控好过程，就离不开使用绩效管理工具。

常用的绩效管理工具如图 4.3-1 所示。

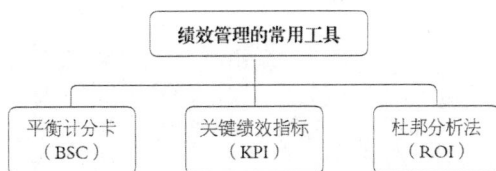

图 4.3-1　绩效管理的常用工具

1. 平衡计分卡

平衡计分卡（BSC，Balace Score Card）是一种绩效管理的理论框架。它对公司整体愿景、战略和目标进行描述，并将其转化为四个维度的内容，以确保各层次的人员对远景和战略达成共识。公司通过将整体目标加以分解，能够建立起业务单元、部门、个人等各个层面的平衡计分卡制度。

平衡计分卡理论的目标分解原理如图 4.3-2 所示。

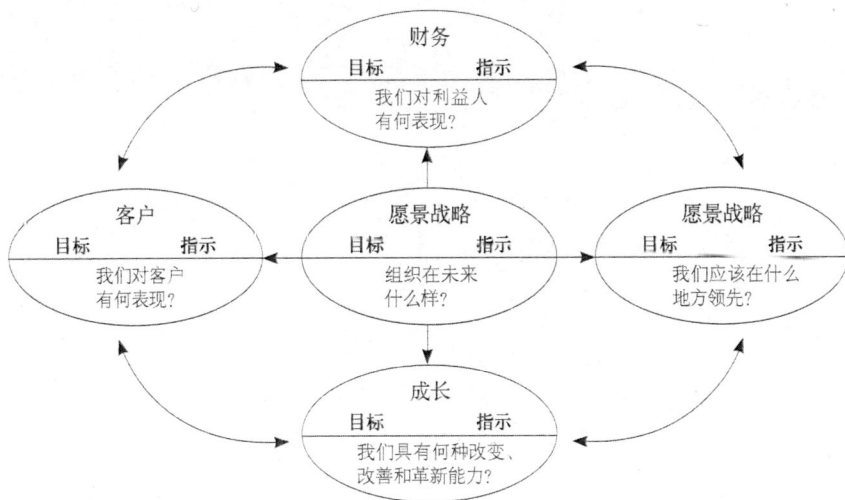

图 4.3-2　平衡计分卡理论的目标分解原理

2. 关键绩效指标

关键绩效指标（Key Performance Indicator，KPI）。任何企业在价值创造的过程中，每个部门、每位员工完成工作任务的 80% 绩效，由 20% 的关键行为完成；抓住这 20% 的关键，就抓住了主体，也就有了关键绩效指标。

关键绩效指标的维度如表 4.3-1 所示。

表 4.3-1 关键绩效指标的维度

项目 测量主体		关键绩效指标的维度			指标
		测量对象	测量结果		
绩效变量维度	时间	效率管理部	新产品（开发）	上市时间	新产品上市时间
	成本	投资部门	生产过程	成本降低	生产成本率
	质量	顾客管理部	产品与服务	满足程度	客户满意率
	数量	能力管理部	销售过程	收入总额	销售收入

3. 杜邦分析体系

20 世纪初期，杜邦公司开始使用投资报酬率（Return On Investment，ROI）这一工具，对公司业绩进行考核。在多年的实践过程中，人们围绕这一工具逐步建立了杜邦分析体系。

杜邦分析体系将若干用于评价企业经营效率和财务状况的比值，按其内在联系有机结合起来，形成完整的指标体系，最终通过权益收益率来综合反映绩效。图 4.3-3 所示为杜邦分析体系原理。

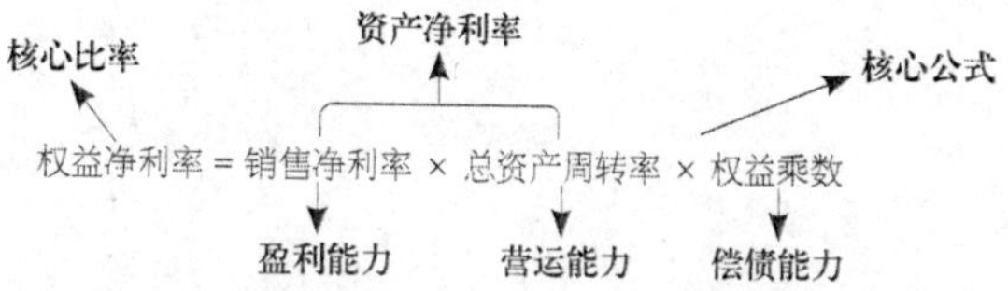

$$权益净利率 = \frac{净利润}{股东权益} = \frac{净利润}{资产} \times \frac{资产}{股东权益} = 资产净利率 \times 权益乘数$$

$$资产净利率 = \frac{净利润}{资产} = \frac{净利润}{销售收入} \times \frac{销售收入}{资产} = 销售净利率 \times 总资产周转率$$

$$权益净利率 = 销售净利率 \times 总资产周转率 \times 权益乘数$$

图 4.3-3 杜邦分析体系原理

4.3.3 绩效实践过程的得失

平衡计分卡（BSC）是一种新型绩效管理体系，主要从财务、客户、内部流程、学习与成长四个不同维度落实组织的战略，形成可操作的衡量指标和目标值。

1. 平衡计分卡的 4 个层面

具体内容如图 4.3-4 所示。

图 4.3-4　平衡计分卡的 4 个层面

2. 财务指标通过非财务指标实现

具体内容如图 4.3-5 所示。

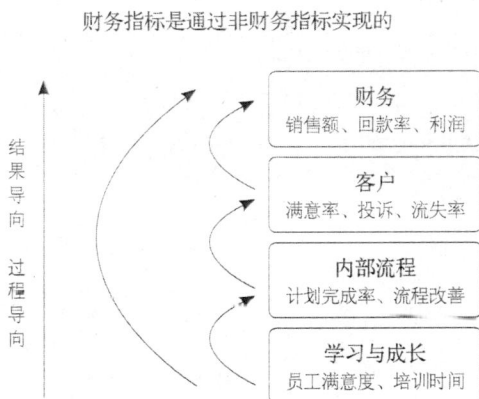

图 4.3-5　财务指标与非财务指标的关系

3. 目标与指标的关系

目标与指标的关系，可以用表 4.3-2 所示的形式加以呈现。

表 4.3-2 目标与指标的关系

序号	BSC四方面	目标	指标
1	财务方面	解决股东观点问题	销售额、利润额、资产利用率
2	客户层面	解决客户观点问题	送货准时率、客户满意度、产品退货率、合同履约率
3	流程层面	解决"我们擅长什么"问题	生产率、生产周期、生产成本、合格品率、新品开发速度、出勤率等
4	学习与成长层面	解决"我们在进步吗"问题	员工流失率、员工培训支出、员工满意度、内部沟通率等

案例：绩效管理成功的关键

德鲁克在《管理的实践》中强调，企业的使命，无论是过去还是现在都是"创造客户"。这意味着绩效管理成功的关键是客户满意。

那么，如何确立能够让客户满意的绩效考核制度？

绩效目标的设定和考核，都应该以客户需求为基础。这样才能保证企业的绩效永远符合客户价值，永远不会背离"企业的唯一使命"。这一点，华为做出了榜样。

华为的创始人任正非认为，一家企业如果不能为客户提供良好的产品和服务，那么这家企业就很难生存下去，更不用奢望什么发展壮大了。

正是基于这一点，华为坚持"以客户为中心"的企业发展理念，在数十年的发展中把握住一次又一次的机会，保持了充沛活力。

2001年，华为内刊准备刊登一篇阐述华为客户服务宗旨的文章，最初的文章标题为《为客户服务是华为存在的理由》。任正非在审阅时将其改为《为客户服务是华为存在的唯一理由》。由此可见，华为已经将为客户服务上升到了企业核心价值观的高度。

为了在华为上下贯彻"以客户为中心"的思想及做好客户服务，华为专门在其员工考核体系中引入了"客户满意度考核"。根据这一考核指标，不同部门会根据用户对公司服务的满意程度进行打分，并以分数的高低判断员工服务工作的好坏。为了尽量保证分值的客观准确，华为会专门聘请第三方机构进行打分。在得出"客户满意度"分数之后，华为会将之与当年公司所规定的权重相乘，最终综合形成员工的客户满意度考核结果。这一考核结果将与员工的工资、奖金等进行挂钩，分数越高，所能享受到的薪资待遇就越高。

现阶段，企业如果不能建立起"客户满意度考核"体系，即便使用了最先进的绩效管理工具，绩效管理也不会得到真正的重视和落实。

作为中基层管理者，直线经理有必要按照客户导向的设计原则，将客户导向的绩效管理分成"能否快速响应客户需求、能否准确提供客户价值、能否让客户容易享受到产品或服务、能否让客户以低成本获得产品和服务"等不同维度。这样才能更好地落实绩效管理方法。

4.4 全员绩效管理的目的与考核体系的选择

"战略"一词给许多中基层管理者的第一感觉就是"高级别"。正因如此，他们往往认为"战略"是企业董事会决定的事情，和自己的工作没有直接关联，也并不关注战略。笔者之前曾问过一些直线经理其所在公司的战略是什么，他们中的很多人都说得比较模糊，甚至经常与企业愿景和使命混淆。这也恰恰证明了大家对企业战略的忽视。

实际上，直线经理不仅要脚踏实地，也要仰望星空，将日常工作跟公司的战略目标联系起来，才能认识到工作的意义和价值，并更好地予以指导和管理。

4.4.1 战略目的与关键绩效考核

企业战略是自上而下指导全局的整体性规划，是对企业各种战略部署的统称，其中既包括竞争战略，也包括营销战略、发展战略、品牌战略、融资战略、技术开发战略、人才开发战略、资源开发战略等。

公司战略与人力资源战略的关系如图 4.4-1 所示。

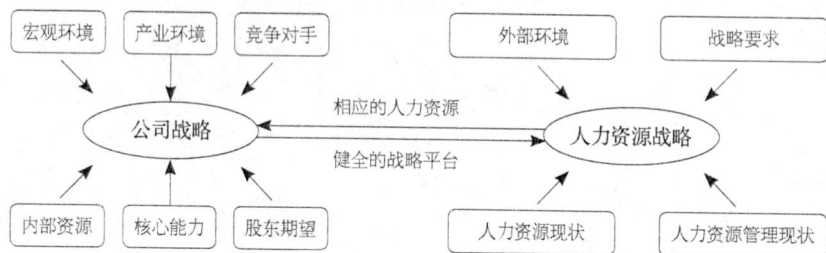

图 4.4-1　公司战略与人力资源战略的关系

企业要结合企业的外部环境和自身条件的状况与变化来制定和实施战略规划。同时，还应结合实施过程与结果的评价和反馈来调整、制定新的战略。

为了让普通员工更了解战略，促进管理者之间、管理者与员工之间的沟通，以便达成战略共识，直线经理可以借助国外两位管理专家罗伯特·卡普兰和戴维·诺顿提出的平衡记分卡来绘制"战略地图"。

"战略地图"是以平衡计分卡的四个层面目标（财务层面、客户层面、内部流程层面、学习与成长层面）为核心，通过分析这四个层面目标的相互关系，绘制的企业战略因果关系图。

"战略地图"的核心内容包括企业通过运用人力资本、信息资本和组织资本等无形资产（学习与成长层面），通过创新来建立战略优势和效率（内部流程层面），进而使公司把特定价值带给市场（客户层面），从而实现股东价值（财务层面）。

形成"战略地图"的方法如下。

1. 确定股东价值差距（财务层面）

为了满足股东的要求，企业和部门在财务方面应该有什么表现。

例如，如果 × 企业的股东期望 5 年之后销售收入能够达到 5 亿元，但目前只有 1 亿元，距离股东的价值预期还差 4 亿元，则这个预期差就是企业的总体目标。

2. 调整客户价值主张（客户层面）

为了获取财务成功，直线经理应该针对客户做出什么表现，才能赢得客户的支持。例如，在 × 企业的案例中，为了弥补股东的价值差距，要实现 4 亿元销售额的增长，就应对现有客户进行分析，调整部门的客户价值主张。

客户价值主张主要有三种：第一种是总成本最低；第二种强调产品创新和领导；第三种强调提供全面客户解决方案。

其中，集中化战略也叫"客户导向型战略"，如西南航空、滴滴打车；差异化战略也叫"产品领先型"战略，如苹果、IBM、麦肯锡等；成本领先型战略也叫"高效运营型"战略，如沃尔玛、电商网站等。

实际上，三种战略并非严格分离的，有时也会出现交叉。例如，同时运用成本领先和集中化战略，如某些电商网站专门面对某类人群客户；在其他战略的基础上，实施成本领先战略抢占市场，比如外卖和打车软件曾用过的"补贴烧钱"战略，以抢占客户资源。

在某些情况下，企业和部门对产品的战略定位也会随着市场的发展而有所变化。比如，华为手机最初是低端机，而 2012 年之后开始陆续推出 P6、P7、P8 高端商务机，销量火爆。2015 年，华为手机国内市场占有率第一，证明推出高端商务机的战略转型非常成功。

3. 确定价值提升时间表

× 企业针对 5 年实现 4 亿元股东价值差距的目标，要确定不同部门的时间表，包括第一年提升的数字比例，第二年、第三年各占据多少，确定提升的时间表。而这离不开直线经理的主动积极参与。

4. 确定战略主题（内部流程层面）

为了满足股东和客户的要求，直线经理要在内部的运营流程上有出色表现。

为此，他们要梳理所有的关键流程，确定各自部门在短期、中期、长期分别做什么事。一般而言，关键内部流程有四种类型，分别为运营管理流程、客户管理流程、创新流程、社会流程。

5. 提升战略准备（学习和成长层面）

直线经理应扪心自问：为了实现战略目标，我的部门需要如何保持变革与改进的能力？在思考时，应该从人力资本、信息资本、组织资本三个角度分析部门现有无形资产的战略准备，判断是否具备支撑关键流程的能力。如果不具备，则要找出办法来提升。

6. 形成行动方案

根据确定的战略地图及对应的不同目标、指标和目标值，制定一系列行动方案，配备资源，形成预算。

若想顺利地完成上述工作，直线经理可通过以下途径了解企业战略。

参加公司的经营战略会议，参与制定战略规划，然后由上到下传递；

直接与总经理或上级对话，讨论战略实施步骤；

通过公司发布的会议简报和召开的员工扩大会议，了解相关信息；

还可以访谈关键业务部门的领导，了解这些部门的未来规划和目标。

只有从源头到本部门全程把握由战略向绩效目标体系拆分的方法，直线经理才能顺利完成本部门的绩效管理落实工作。图 4.4-2 所示为某企业绩效目标体系拆分示意图，可以借鉴。

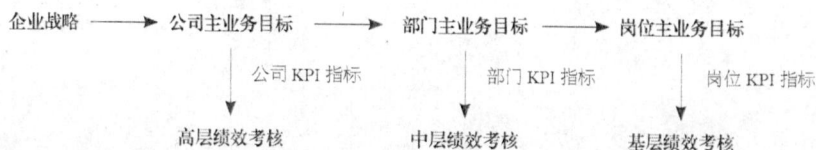

图 4.4-2　某企业绩效目标体系拆分示意

4.4.2　管理目的与目标管理

目标管理（Management by Objective，MBO）是以目标为导向，以人为中心，以成果为标准，而使组织和个人取得最佳业绩的现代管理方法。

若员工的工作没有明确的目标，那么无论直线经理用什么方法去管理，最终的结果很大概率都是令人遗憾的。为了避免这一问题，直线经理必须向员工指出，"目标不清楚，不如不行动"。

若想让部门的绩效提升，则直线经理自己要先明确工作目标。员工接到工作任务后的第一步不是立即行动，而是与直线经理沟通，明确自己的目标，不能凭主观揣摩直线经理的意图，然后盲目地去行动。

《孙子兵法》曰："谋定而后动，知之而有得。"这就是说，在处理一项具体工作前，一定要通过正确解读目标，形成正确的思路。反之，目标模糊就会导致思路不清晰，这时无论你如何努力，也难以在工作中取得高效成绩。

某企业有一位技术员工，其专业能力比较强，但工作有些急躁。有一次，他接到任务后，只是简单地设计了工作框架就立即动手去做。在随后的工作进程中，他始终都在遭遇麻烦：需要某款软件时，发现自己并没有购买该软件；测试时发现设备少了几条电缆……诸如此类，不胜枚举。

坚持到最后，他迫不得已动用一切资源，对任务不断地调整和修补，最终才勉强过了关。看到该员工的表现后，经理非常感慨地说："做事之前一定要先理清思路，做好相应的准备工作！"

缺乏目标感，导致这位员工工作中的困难不断增加。而他的经理也要对此负责，因为他没有及时要求该员工进行目标管理。

直线经理不仅要对自己的工作负责，还要对员工的工作负责。他们必须学会用目标法带领团队、指引下属去工作，把大目标分解成一些可在短期内实现的细微目标，并给予员工目标实现后的奖励。这样，员工就能顺利把握住每个短期目标，积极投入，最终实现企业的大目标。

另一方面，绩效管理真正的核心是绩效辅导。这种辅导的最理想状态是"围绕目标的过程管控"，而不是"只关注结果，不关注过程"的所谓管理。因此，在进行辅导时，非言语信息的传递（如赞赏、关注的目光）、详细的筹备、以德服人等都非常重要，其中所包含的"认可"因素是重要的非物质激励，能够促进员工更准确、更详细地理解目标。此外，有关绩效诊断、过程监控、数据收集等工作也非常重要，管理者要据此来诊断阻碍员工了解目标、取得结果的问题所在。

管理者在围绕目标管理进行绩效辅导时，还应注意强调制度流程、操作指导书。在辅导时，直线经理要关注目标，而不是仅仅针对关注问题进行辅导。然后根据焦点理论，将问题彻底分析清楚，并给出完成的方法。这样有助于目标的顺利达成。

4.4.3 管理目的与关键事务

OKR 就是"目标和关键结果"，英文全称为 Objectives and Key Results。OKR 作为简便易行的绩效管理模式，能够使团队成员在一致的方向下努力，并帮助团队成员更有效地完成任务。

直线经理在接到任务后，一定要积极和上级领导沟通，以确定任务的关键点，明确本部门的任务是什么，避免因任务跑偏而造成企业资源的浪费。

通常而言，关键事务点包括任务的具体内容和完成期限。

麦肯锡的某部门负责人接到领导交给他的一个"调查金融机构现状与动向"的工作后，他先与领导进行问题沟通，确认了这项工作的具体目的和完成期限。随后，他还和领导确认了该项工作应该从哪些方面开展调查，并由此形成了一个调查计划。

最后，他对领导总结说："我准备从几个金融机构的经营战略与收益之间的关系入手，调查金融机构成功的关键，对各银行的规模、收益结构、经营战略、财务状况等进行分析，您看这样可以吗？"

上司听完后认同了他的观点并表示肯定。该负责人带领部门团队顺利地展开工作，获得了良好效果。

除了确认关键性任务外，直线经理要注意的另一个关键点是与领导确认完成工作的期限。很多时候，上级将工作交给他们时，并没有明确说工作期限，基层管理者就想当然地认为该项工作并不急迫，可以先放一放，等把团队目前的工作忙完了再去做。直到领导主动询问时，他们才会发现自己的理解是错误的。

为了避免工作中出现这种情况，直线经理必须学会与领导和下属及时沟通。无论你如何看待那些关键性工作，都要与其进行任务的沟通确认，确保工作在正确的轨道上按照正确的节奏进行。

4.5　绩效面谈

不少直线经理承认，为下属做绩效考评是一件令人头疼的事，最主要的原因在于绩效面谈阶段的沟通与指导经常让他们感到无从下手。

正因如此，掌握绩效面谈的小窍门，对直线经理的日常管理工作大有裨益。

4.5.1　正确评价下属的业绩

在企业中，绩效面谈属于相对个人化的行为，与被评价人的直接关系度很高。正因如此，良好的面谈有利于直线经理正确评价下属的业绩，并激发下属的主观能动性，让其明白自身的优势与不足，从而为下属工作的进一步改进与个人发展打下基础。

你是公司销售部经理，乐维是你部门的负责江苏地区的销售员。三年前，乐维从一个小公司跳槽加入你的部门，前两年因为各种原因，都未能完成销售任务，只是将精力用于发展客户关系。这导致他对客户的业务需求的了解比较肤浅，对产品的了解也有限。

由于这些表现，你给乐维的业绩评定连续两年都是及格。

今年，江苏地区突然决定做项目 A，你和技术部经理沟通之后，决定组织力量投标。经过几轮奋战，你终于为公司拿到了合同。作为销售工程师的乐维，在项目期间工作很努力，把建立客户关系作为重点，成了项目组的骨干。最终，由于项目 A 的成功，乐维的销售业绩达到了130%。

与此同时，你注意到乐维在和该项目技术工程师合作时，关系有些紧张。工程师团队抱怨他有时无法准确提供用户需求，没有为技术部留出充分的计划空间，也不主动和大家沟通，导致了几次修改设计方案。此外，乐维也没有在事先预报项目 A，使订货、交货流程都出现了问题。

综合以上考虑，你打算给乐维的业绩评定为良好。

今天你约了乐维谈本年度的业绩考核。问题是，你如何通过面谈来让他感到有所启发并愿意改进？

直线经理应该在面谈之前就列举出主要问题，并将之分为若干个重点，主要包括希望达到的目的是什么、要讨论的关键点是什么、策略是什么等。围绕这些内容列出面谈提纲，能够大大提升面谈效果。

一般而言，面谈提纲的核心内容如表 4.5-1 所示。

表 4.5-1 绩效面谈的核心内容

内容	核心
当期的考核结果	如实告知
目标的完成情况	量化陈述
改进计划及措施	切忌空谈
希望得到的帮助	关注心态

围绕上述内容，直线经理要准备充分的面谈材料。这些材料主要包括岗位说明书、上期的绩效目标卡、例行检查绩效档案、绩效面谈表等。

在面谈过程中，直线经理应留出充分的时间，让员工发表意见。同时，直线经理还要做到对事不对人，只谈绩效而不涉及其他。

毫无疑问，在所有企业中，面谈阶段是考核者和被考核者双方都比较紧张的时期。因此，在绩效面谈的过程中，直线经理不仅要做好上述准备，更要营造良好的沟通氛围。

谈话的私密性首当其冲。直线经理不应将被考核者与第三者比较，要避免谈话的内容被第三者听到，否则员工的情绪会受到影响，员工难以在沟通时做到坦率和具体。因此，直线经理选择的谈话场地一定要尽可能免受干扰。

直线经理的心态也很重要。为了让员工畅所欲言，直线经理要放低自己的姿态，让员工觉得自己只是在聊天，没有任何的心理压力。这样才能观察到员工的真正态度。

直线经理通常可以通过以下方式建立良好的沟通氛围。

①以员工的兴趣、价值、需求和目标等为切入点，强调双方共有的事务，为面谈营造一种和谐的气氛，顺利沟通。

②激发员工的投入态度，使得目标能够更快完成，创造出一种积极的气氛。

③不断观察员工在交谈中的情绪，将潜在的冲突予以化解，避免讨论演变为负面或破坏性争论。

④创造安全的情境，提高员工的安全感。直线经理在面谈时不仅要强调保密性，营造出私密的沟通空间，还要接纳员工的感受、态度与价值等。

4.5.2　绩效面谈环境准备、步骤与技巧

每个直线经理都管理着多位下属，绩效面谈也只能分次单独进行。

直线经理必须统筹安排绩效面谈，即根据工作安排与员工进行适当沟通。随后，直线经理应根据沟通情况，拟订行之有效的面谈计划，完成后再告知员工面谈顺序，让每位员工都能有心理上和行动上的准备。

1. 面谈准备

面谈开始之前，直线经理要做以下准备：

（1）确定适宜的谈话时间；

（2）选择不受干扰的谈话地点，并通知对方；

（3）收集员工的资料，准备面谈策略和提纲；

（4）通知被面谈者准备问题，包括工作中遇到的困难和需要的支持。

2. 面谈过程

在绩效面谈的过程中，直线经理应做到以下几点。

（1）向员工清晰反馈其绩效考核的结果

管理者要在员工绩效考核结束后，及时向员工传达其在本绩效周期内是否达到了既定目标，评判其行为态度是否符合公司预定的标准。除此之外，员工工作能力是否得到提升都应表达清楚，便于员工对自身工作的阶段性成果有清晰、明确的认识。

（2）分析清楚员工绩效不合格的原因

直线经理进行绩效管理的目的主要在于改进绩效，因此，直线经理需要和员工共同分析造成绩效不达标的原因。

（3）向员工传递未来发展的蓝图和目标

在绩效面谈过程中，直线经理可以将员工的工作目标与部门的发展目标结合起来作为沟通的基础。这样能够让员工详细了解企业未来发展的大方向，同时也能让他们感受到自身目标的意义。

绩效面谈的作用重大。比如，为了留住优秀员工，华为要求人力资源经理最少每半年对员工进行一次反馈面谈，以便了解员工对企业、直接上司以及自身岗位的看法，并在此基础上要求员工做出改变，以此来改善员工与企业之间的信任和沟通。

当然，绩效面谈的作用也要根据其种类予以区分。日常绩效面谈的主要目的是为了向员工进行双向情况反馈，帮助员工改进自身绩效，促进下阶段的工作成效。而年终绩效面谈的目的则更多与员工的年终奖金、职务晋升、职位变动、工资增减和劳动关系的变动等有关。在此之中，反馈面谈显得更加重要。

通常，有效的反馈面谈应包括多重内容。例如，员工觉得公司目前的发展如何、所在团队表现如何、部门经理表现如何、个人工作表现如何；员工对工作的哪方面最满意、对工作的哪方面最不满意、会对工作做出哪些改进；员工如何评价自己和经理的关系、认为经理应做出哪些改进、希望经理能够做好哪些管理工作或如何改进等。

除此之外，直线经理还可以向员工提出下列问题。

如果让你来变革公司，你会变革什么？公司如要提高自身，应该再进行哪些变革？

你在工作中获得了足够的支持吗？你充分获得了与自己的工作绩效相关的反馈吗？

你觉得公司能帮助你实现自己的职业目标吗？

你有没有获得足够的培训，以有效地完成自己的工作？

你最喜欢公司的哪一点，最不喜欢哪一点？

你对公司的绩效评估流程感到满意吗？

你对公司的福利满意吗?

4.5.3 绩效沟通的原则

直线经理在把握沟通原则时要时刻注意如何开始,怎么平衡"听、讲、问",以及如何快速确定下阶段目标。这就要求直线经理做到以下几点。

1. 表扬 – 批评 – 表扬

直线经理在告知员工考评结果的过程中要时刻注意对绩效结果、绩效行为进行描述,而不只是定性地给出一个判断。切记,你的描述不应笼统而应具体,把握住表扬 – 批评 – 表扬的节奏,正向评价后指出不足,随后再给予表扬。

直线经理可以这样对员工讲:"你的工作做得还是很不错的,比如……但是,这其中也存在一些问题……所以这次的考评等级是……不过你的成绩还是非常好的。我对你充满信心,相信你努力后工作会更加出色的。"

2. 在员工心中强化"我在认真倾听"

面谈时,为了让员工感到友好和信任,直线经理一定要与之保持良好的目光接触。

在倾听过程中,直线经理要做到以开放式为主的恰当提问,要让员工产生这样的想法:领导确实在认真倾听自己讲述的内容,同时,领导还希望获取更充分的信息。

比如,直线经理可以这样问:"为什么你会这么看呢?你觉得这其中的问题是什么呢?"这样可保证直线经理在面谈过程中时刻与员工确认看法,及时澄清自己要表达的信息,防止与员工之间出现误解。

3. 处理好员工的消极与对立情绪

在通常情况下，员工对自己的绩效等级都会有一定的期望值。如果员工在面谈中得知自己的绩效并没有自己预期的那么理想后，必然会产生负面情绪。此时，直线经理要先接纳员工的感受，让员工把情绪表达出来。

直线经理可以用"我能理解你此时的感受，你是不是觉得……""我能感觉到你现在……我们来看看是哪里出了问题"等话语，平稳员工的情绪。等到员工的情绪平复后，直线经理再与其进行沟通。

如果员工说出攻击性或强烈报复性的言语，直线经理要赶紧进行安抚和转换。

当员工情绪激动并抱怨公司对其的各种不公平时，直线经理可以这样说："我很愿意听你说，但这个并不是我们现在要谈论的话题。"

当员工产生沮丧、逃避的情绪时，直线经理要及时进行转换，可以选择向员工问一些开放式的问题，或是咨询员工会产生类似情况的原因，从而引发其思考，带离其关注点，引导他们想象未来的改进。

面谈时，当员工对直线经理提出问题时，直线经理也要给出让其满意的回答。

如果有员工问："我最近得到一个负责执行绩效评价的管理职位，我知道这是一项非常有挑战性的工作。我该如何做好这一工作？"

直线经理可以这样回答："年度绩效评价往往是人们接受其工作情况反馈的唯一时机。比较好的做法是使提供反馈和征求反馈更加规律化，以便一出现问题就可以解决。如果马上就要进行绩效评价，要确保自己熟悉被评价者的客观目标。"

4.5.4　绩效改善工具

绩效改善工具能够帮助直线经理提高团队绩效，并有利于振兴团队。

利用绩效改善工具，直线经理可以主动发现问题、分析问题、解决问题，并可在制订计划时获得逻辑层面的启发。绩效改善工具包含了与绩效管理相关的重要信息，同时包含一系列分支工具和行动步骤。

使用绩效改善工具的步骤如图 4.5-1 所示。

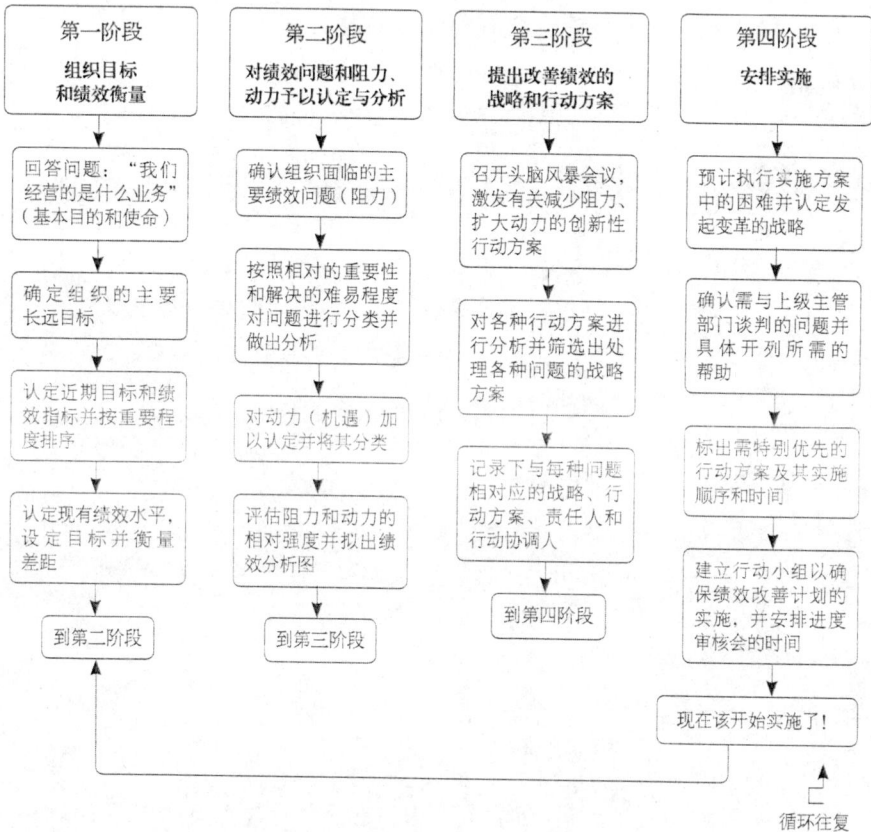

图 4.5-1　使用绩效改善工具的步骤

4.5.5　如何在绩效辅导中进行有效的面谈反馈

设计面谈计划时，直线经理一定要充分考虑面谈的方式，这样才能保证面谈能在融洽的气氛中进行和结束。这样的面谈才能真正起到帮助员工提高绩效的目的。

直线经理在对员工的绩效加以评价时，通常应集中在正反两方面，既要肯定其优秀的表现，同时也要指出其不足，并向员工提出及时改进的要求。

1. 正面反馈

在正面反馈时，直线经理需做到真诚、具体和有建设性。

真诚是面谈的心理基础。为了让员工真实感受到领导确实对其满意，直线经理应发自内心地对员工的成绩加以肯定，既不可过于轻描淡写，也不可夸大其词，而要让员工感觉领导的态度公正、直率，并非虚假的"套近乎"、扯关系。如此一来，员工才会真正地把表扬当成激励，在工作中也会更加努力。

直线经理在对员工进行表扬时，要对其成绩提出有针对性的表扬，而不是笼统地夸两句"不错""很好"就完事。

例如，直线经理可以在员工为了赶一份计划书而加了一夜班后，对其说："你加了一夜的班赶计划书，领导对你的敬业精神很赞赏，对编写的计划书也很满意。"而不是干巴巴地对员工说"你加班很辛苦，表现很好"之类的话。

直线经理在对员工进行正面反馈时，还要让员工知道其表现已经得到了企业的认可。这样做的目的在于强化员工的正面表现，并促使他们有更优秀的表现。当然，直线经理也要给员工提出一些建设性的改进意见，以帮助其获得更大的提高和改进。

2. 反面反馈

在对员工进行反面反馈时，直线经理应客观、准确地描述员工工作中的不足，具体如下。

首先，直线经理应做到对事不对人，描述时只讲事情，不进行判断。只有客观准确地描述员工行为所带来的后果，员工才会下意识地认识到自身的问题所在，开心地去改正。

同时，直线经理也要多站在员工的角度去思考，多听取员工本人的看法。在获得员工认同的基础上，有针对性地对其问题的改正加以指导，并从实际情况出发，与员工探讨如何利用现有资源实施下一步的改进措施。

在和员工的面谈结束之后，直线经理一定要与对方形成双方认可的备忘录。备忘录中要载明直线经理与员工面谈达成的共识，同时也要对暂时存在异议、未能形成共识的问题进行重点关注。直线经理可以选择与员工约好下次面谈的时间，并就第一次没有达成共识的问题进行二次面谈。

4.6 岗位价值评估

最常用的岗位价值评估方法是海氏（Hay Group）三要素评估法。该方法通过知能、解决问题和应负责任这三方面因素对岗位价值进行评估，并由此形成客观分值，以便计算岗位的等级。

海氏三要素评估法，如图 4.6-1 所示。

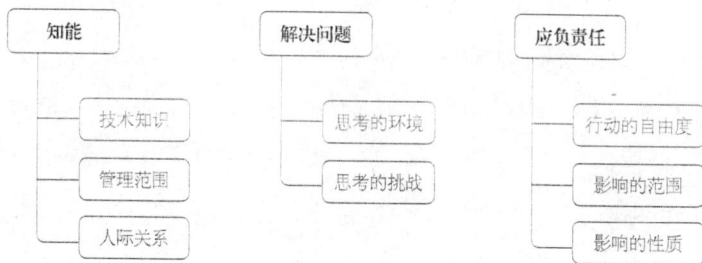

图 4.6-1　海氏三要素评估法

根据岗位评估，企业中的工作岗位可分为以下 3 类。

"上山"型。此类岗位所肩负的责任比知能与解决问题的能力更重要，如公司总裁、销售经理、负责生产的干部等。

"平路"型。此类职务中，知能和解决问题的能力与应负的责任并重，如会计、人事等职能干部。

"下山"型。此类岗位应负的责任不及其知能和解决问题的能力重要，如科研开发、市场分析干部等。

4.6.1　为什么要定员工的级别工资

薪酬制度是用人单位为激励各类劳动者，采取各种手段向其支付多种形式报酬的有关规范、标准、方法的总称。薪酬构成一般由基本工资、岗位工资、绩效工资、工龄工资、福利、奖金六部分构成。

岗位工资等级即根据各岗位工作的技术复杂程度、劳动繁杂程度和责任大小的不同来确定工资薪酬。企业组织可以根据不同类型的岗位来制定薪酬制度。

4.6.2　如何向员工解释其级别工资

直线经理应该帮助员工明白，之所以要遵循级别工资制度，绝不是简单地"分蛋糕"，而是要把蛋糕做得更大。

员工薪酬分配的根本目的和重要性主要体现在以下几个方面。

薪酬分配必须促进企业的可持续发展。

薪酬分配必须强化企业的核心价值观。

薪酬分配有利于培育和增强企业的核心竞争能力。

薪酬分配有利于吸引和留住企业的核心、关键人才。

薪酬分配有利于营造响应变革和实施变革的文化。

4.6.3　常见薪酬设计模型

常见的 3 种薪酬模式比较，如表 4.6-1 所示。

表 4.6-1 常见的 3 种薪酬模式比较

项目	高弹性薪酬模型	调和性薪酬模型	高稳定薪酬模型
特点	绩效薪酬是薪酬结构的主要组成部分，基本薪酬等处于非常次要的地位，所占的比例非常低	绩效薪酬和基本薪酬各占一定比例	基本薪酬是薪酬结构的主要组成部分，绩效薪酬等处于非常次要的地位，所占的比例非常低（甚至为零）
优点	对员工的激励作用很强，员工的薪酬完全依赖于其工作绩效	对员工既有激励性又有安全感	员工收入波动很小，安全感很强
缺点	员工收入的波动很大，员工缺乏安全感和保障	必须配合科学合理的薪酬管理系统	缺乏激励功能，容易导致员工懒惰

上述 3 种薪酬设计模式的主要差别无外乎固定工资和浮动工资之间的比例分配问题。一般情况下，固定工资表现为基本工资，浮动工资表现为绩效工资。

对基本工资和绩效工资占多少比例，也可以参照下面的原则加以界定。

普通员工：基本工资和绩效奖金的比例分别为 80% 和 20%；

中基层管理者：基本工资和绩效奖金的比例为 70% 和 30%，或 60% 和 40%；

高层管理者：基本工资和绩效奖金的比例为 60% 和 40%，或 40% 和 60%；

销售人员：基层绩效工资（佣金、奖金等）占 60% 以上，中层和高层绩效工资的比例要低一些。

技术人员：工资由基本工资、绩效工资、项目奖金组成，一般基本工资和绩效工资比例要大一些，项目奖金额度要小一些。

第 5 章

育人：
如何创造佳绩、成就下属

　　有人说"未来市场中的稀缺资源不再是资本，而是优秀的人才"。然而，在建立人才培养体系之前，不少企业多用培训代替人才培养。这导致员工并不积极参与培训，而企业也看不到培训带来的益处。直线经理应认识到管理本身就是育人。如果能将培训体系与员工发展结合起来，那么员工对培训的接受度也会大大提高。

5.1 育人的新认知

育人需要新的认知，以指导管理者构建企业胜任素质模型，明确选人、育人和用人的标准。员工能力的提升是企业人才梯队正常建设和运转的保障。企业只有为每个职位建立对应的胜任能力标准，才能明确各个职位需要什么样的能力，让人才培养更加具有针对性。

5.1.1 教育延伸，岗位胜任

很多企业花费了巨额资金引进先进的机器设备、人才优化流程并强化产品开发，因此，身为企业基层管理者的直线经理更不能忽视人的思想教育和员工综合素质的提升。

企业对员工的管理培训本身也属于对人才的教育。

直线经理应该很清楚，今天的学校教育多重视理论学习，而在不同程度上缺乏实践锻炼的机会。这使刚毕业的大学生在某种程度上满足不了社会竞争的需求。当他们进入企业，管理者必须从零开始锻炼人才，完成教育的延伸。

反之，若直线经理忽视了教育的延伸，就很容易出现硬件与软件难以匹配的局面。比如，一些企业花巨资引进先进设备，结果员工的能力跟不上，依然无法提升业绩。

真正能够让企业长久发展的因素始终是"人"。只有通过基层管理者对员工进行长期、有效的系统培训与教育延伸，企业配置的硬件、流程、投入的资金才能真正发挥最大效应。而决定一个人在工作上能否取得成就，除了拥有工作所必需的知识、技能外，更重要的取决于其深藏在大脑中的人格特质、动机及价值观等，这些也需要通过企业基层教育来加以保障。

因此，企业基层人力资源教育管理的定位就是确保员工有业务结果，使企业有优秀的个人、组织和文化。图 5.1-1 所示为人力资源管理的定位。对于图 5.1-1，直线经理可以根据企业的情况进行解读和实践。

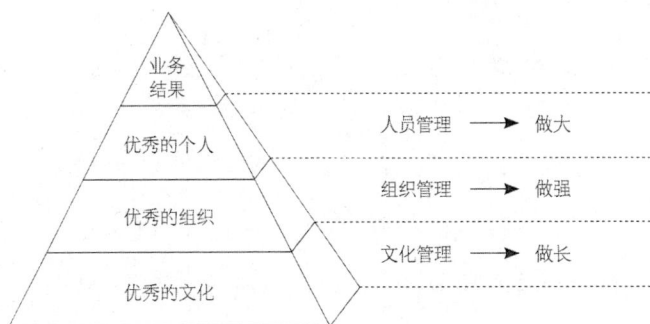

图 5.1-1　人力资源管理的定位

5.1.2　培养目标，缩小差距

直线经理在设计员工培训方案时，总会遇到似曾相识的困难阻碍。员工培训每年开展，培训课程安排了不少，看上去很热闹，却没有什么实际效果，"课上激动，课下感动，回去不动"。更麻烦的是，很多课程都开设过多遍，以至于每年都要冥思苦想该开设什么课程。

每到年底，人力资源部会向各部门派发培训需求调查表。不少业务部门经理虽然工作很忙，此时也"迫于压力"，询问员工想上什么课。员工们随便选了感兴趣或只是听过的课程报上去，人力资源经理拿到的培训需求五花八门，比如艺术品欣赏、理财知识、亲子教育甚至连如何品茶品酒都包含其中。

类似的尴尬让基层经理的培训工作难以推进，也难以体现出培训应有的价值。

其实，员工培训中出现上述问题的关键在于员工培训没做到"以终为始"。直线经理对员工培训和人才培养的目标没有清楚设定，很多人都是为了培训而培训，甚至为了应付而培训。

员工培训是为了解决企业经营的实际困难，而企业经营有着永恒的课题，包括"我是谁，我在哪里，我要去哪里，我怎么去"等。人才培养能够帮助部门乃至整个企业快速解决上述问题。为此，直线经理要真正去盘点、分析现有人力资源状况，并对比未来战略规划发展所需人力资源，从中发现差距，然后考虑如何弥补和缩小这些差距。这才是人才培养体系的意义与价值所在。

人才培养的最终目的是为完成部门业绩目标提供人才的保证。因此，在设定人才培养的具体目标时，直线经理必须结合部门的实际人力资源情况与未来发展需求，通过既定程序分析、了解人力资源差距，并针对这些差距设置人才培养目标。

这就需要直线经理从结构、数量、能力三个方面进行整体性分析。

总体实力较强的篮球队都有自己的明星球员，但是，如果一支球队清一色都由最佳球星组成，那么这支球队是否一定能赢得比赛呢？

答案是：不一定。

球队的实力不仅来自球员高超的个人能力，还在很大程度上依靠大家能力的互补和默契配合。例如，有人擅长投篮得分，有人擅长抢篮板，有人擅长防守。球队的胜利靠的是整个团队的综合实力。当然，整体团队的战斗力也必须依靠每个成员的能力，没有单个球员的扎实功力，团队也很难持续胜利。

直线经理培养人才要"谋定而后动"。在确定本部门的人才培养计划之前，直线经理首先要关注企业未来两到三年的发展规划是什么。例如，计划开多少家店，上多少条生产线，每年的年度预算目标、经营业绩等。

然后，直线经理应预估组织未来的员工总数以及有人才需求的时间节点。同时，直线经理需考虑当前内部人才的流动状况、人力资源市场的外部动态以及员工的整体水平，以便采取措施缩短人才差距。

在此过程中，直线经理在了解到员工目前的能力水平与未来所需水平的差距之后，可以采取以下 5 种方式来有效提升员工的能力。

内建：内部培养现有人才；

外购：从外部招聘合适人才；

解雇：淘汰不胜任的人员；

留才：保留关键人才；

外借：借用不属于自己公司的外部人才。

很多组织进行了充分的人力资源规划战略分析，但没有投入时间和努力来付诸行动。实际上，人力使用部门更有责任分析并得出结论，明确究竟是通过"培养"内部人才还是通过"招聘"外部人才来缩小人才差距。当然，一些部门可能会根据短期或临时的任务需求选择"租用"人才来满足需求。但是，对核心人才不建议采取"租用"的方式。

评估到底是由内部发展还是从外部引进人才时，直线经理要考虑不同人才引进方式所花费的时间和成本，了解成功安置率等因素。例如，内部招聘所花费的培养时间可能更短，成功安置率可能更高，成本可能显著低于外部招聘。但有些部门可能没有足够的备选人才或时间去为某个工作角色发掘和培养员工。这时，企业就需要采用外部招聘的方式去获取人才，以便及时完成任务。

在就任后的第一年内，雅虎公司前任 CEO 玛丽莎·梅耶尔曾斥资12.3 亿美元并购了 19 家公司。不久之后，除了一家公司的产品仍得以使用外，其他品牌的部分或全部产品在被收购之后都停止运营，而这些公司的员工也被整合到了雅虎的现有团队中。

并购公司而后关闭其产品是硅谷的一种常见现象。此举的直接目的在于聘用被并购公司的部分员工。这些人通过其制造的产品展现出了足够的能力，如果不是并购，他们很可能不会主动加入你的公司。

人才保留的问题同样容易被忽视。如果无法保持现有员工的稳定，就会造成离职率提高和招聘压力加大。因此，在对外招聘的同时，企业也要注重内部人才的激励和保留。此外，并购雇佣也是获取人才的良好方式，只是成本非常高昂，所以一般企业很少用。

5.1.3 在岗育人，培训体系

有这么一句话：火车跑得快，全靠车头带。但是，现代企业部门应该不满足于打造成"火车"，而是应该成为"动车"，即激活每个员工的动力。

假设一个直线经理带领 5 名员工共同工作。直线经理的能效（单位投入带来的效果产出）是 100 分，而员工的平均能效则是 60 分，总体的能效则是 400 分。

如果能培养员工的能力，调动其积极性，使员工的平均能效提升到 80 分，员工总分为 400 分，则直线经理不需要成为顶尖精英，其能效达到 90 分，部门总体效能就能上升到 490 分，整整提高了 20%。

从企业整体管理角度看，与其打造部门内的精英，不如积极在岗育人，以整体的培训体系提升每个员工的能力。这样才能提高整体工作效率，进而实现公司的战略目标。员工个人的能力提升了，通过集体累加形成组织能力，才有可能由组织能力转化为组织业绩。而组织业绩的提升使企业在市场竞争中处于优势地位。这时，企业就能继续扩大规模，为有才干的员工创造和提供更多的发展机会，实现员工与企业的共赢。

在建立人才培养体系的过程中，企业必须充分重视员工自身的特点，根据

其发展阶段和所在岗位设计不同的培养方案。

例如，联想集团的育人机制的重点内容如图 5.1-2 所示。

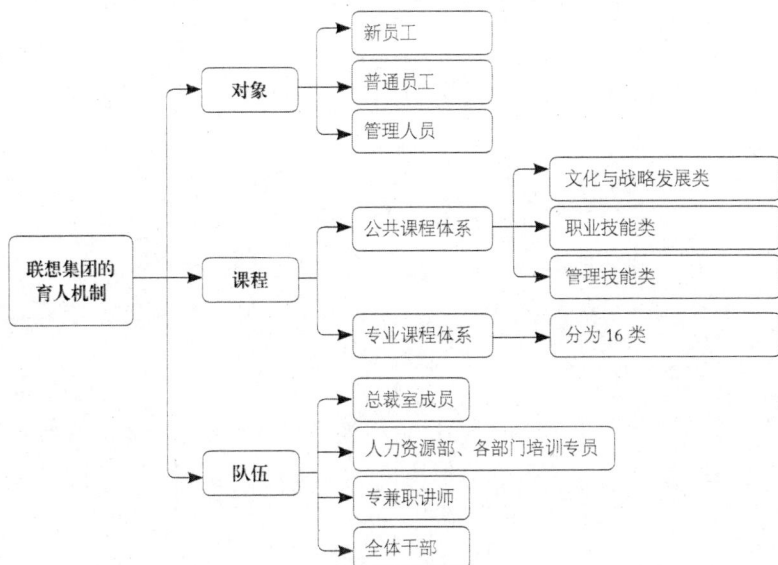

图 5.1-2　联想集团的育人机制

联想集团的管理者很清楚，如果员工不清楚自身与岗位的联系，即使频繁组织培训，员工也会变得越来越被动；反之，当员工看到培训对自己的益处后，就能将培训体系与自身职业发展管理体系结合起来，对培训的接受度就会大大提高。

案例：忙碌的丁主任

丁主任来公司已有 5 年了。他工作勤奋、态度主动积极，很受上级的赏识。入公司 1 年他就升为组长，4 年后升为主任。丁主任提醒自己，在公司里最重要的就是及时完成本部门的工作，能够紧跟公司领导的决策思想。

丁主任有下属三人。其中，李先生在目前的岗位上工作了 8 年，对业务非常熟悉，对主任交代的各项工作均能及时完成；不过他仗着老资格，常常口出怨言。王先生进公司已有3年，平时默默工作。丁主任对王先生的了解不多，除了交代他完成本职工作外，临时性工作均不敢交付。殷先生属于新生代，大学毕业进公司不过半年时间，有理想、有动力，但做事相当不牢靠，经常出错。丁主任对殷先生很不放心，轻易不敢给他交付工作。

为了确保各项工作及时完成，丁主任只把工作交给李先生。但当李先生有所抱怨而不愿接手时，丁主任也只能自行处理。初期他还能应付，但随着工作内容的增加，丁主任逐渐感到力不从心，每天从早忙到晚，工作还做不完。

某天，丁主任因为延误了一项重要工作而被经理责备。他从经理室出来后很沮丧，甚至怀疑自己的能力能否胜任目前的管理岗位。

出现这样的问题，主要责任自然应该归咎于丁主任本人。虽然他意识到及时完成工作任务的重要性，但没有将之与员工培训和成长结合起来，导致人浮于事而难以履行岗位职责。为了解决问题，他必须真正着手打造本部门的岗位培训体系，让员工将工作和成长充分结合。

5.1.4 育人强调"教练"还是"导师"

在育人中，直线经理应该更强调"教练"职责还是更看重"导师"角色？

若偏重"教练"职责，则直线经理应帮员工从自身角度独立思考并发现问题，让员工能独立寻找解决问题的方法。若偏重"导师"角色，则直线经理应直接运用自身的成功经验和精神力量帮员工解决问题。

无论是"教练"还是"导师"，两者都是为了培养员工，但培训运行的方式完全不同。前者的主角是员工，而后者是直线经理。换言之，"教练"更多是支持员工去设计"我的未来"，"导师"更多是代替员工去设计"未来的我"。

所以，当员工遇到好导师时，他会说"我的导师非常棒"！当员工遇到好教练时，他不会说"我的教练非常棒"，而是会非常自豪地说"教练让我发现自己很棒"！

从管理的角度来看，直线经理的哪个角色更具有价值和力量呢？答案自然是"教练"。

在上一节的案例中，丁主任对自己的定位倾向于导师。当团队遇到难题时，他不是去教授和引导员工，而是选择亲自解决。结果就是下属的能力没有提升，自己的压力越来越大。

丁主任应该清楚，员工的发展才是组织发展的根本推动力，只有培养出优秀的员工，组织才能够健康发展。要想保证这一点，单纯依靠导师策略无法做到，只能运用教练引导方案。

在扮演教练角色时，直线经理激发员工成就感的有效策略在于充分尊重员工的自主性。

通常来说，个人获得的自主性越大，个人在团队中的地位越高，就越能体验到成就感。这就要求直线经理管理团队时，一定要给予下属充分的自主性。其充当教练的角色时不仅要做到"教"，更多的要发现和提供机会，让员工去积极锻炼。直线经理可通过必要和充分的授权，让员工发挥最大自由完成工作任务。

员工在完成任务时，就会产生实现自我价值的感觉。如果直线经理带领团队时事无巨细吹毛求疵，很容易导致员工的自主性被束缚，养成"遇到问题找领导"的恶习。这样的团队显然严重缺乏战斗力，当然也不会获得持久的发展。

5.2 组织与培训

在企业中，绝大多数基层管理者都曾善于学习。但他们在任职管理岗位后，很多时候却并不清楚如何组织他人学习。

其实，部门、企业的进步与社会的发展一样，总是离不开"改变"二字。纵观商业历史，任何企业都不会生而具有完美的制度，更不会带着完美的企业文化从天而降。正因如此，基层管理者才要主动改变。"求变"是一切进步的起点，同时也是促进员工培训获得成功的重要因素。

5.2.1 建立学习型组织

学习可以提升个人能力，也可以提升团队能力，关键在于学习的内容和方式。团队领导的学习主要是为了提高管理能力，成就最好的团队；团队成员的学习更多是为了解决问题，达成目标。

团队学习有两个明显的特征。首先是团队目标一致，其次是知识和信息共享。

个人目标与团队目标的一致是团队学习的基本要件。在实际的培训运营中，个人目标不应被否定和抹杀。但个人目标必须经过充分调整，最大限度地与团队目标一致。这样才能推进团队学习的进程。

知识共享实质上是内部交易的过程。只有通过知识共享，团队内部才可以互通有无，优势互补，共同提高。如果没有知识共享，团队学习就只是一句空话。

生物学家发现，山雀在幼鸟时期就已习惯与同类和平相处，甚至编队飞行。而知更鸟则是排他性较强的鸟类，一只雄性知更鸟的势力范围内是不允许其他雄性知更鸟进入的，同类之间基本上以敌对方式沟通。因此，虽然两者同属鸟类，但和谐相处的山雀比起互相敌视的知更鸟更能互助，进化程度更高。

很明显，山雀经历了组织学习的过程，借助个体的创新技能，将知识信息传递给群体成员，从而成功增强了族群对环境的适应能力。

团队学习的过程是成员的思想不断交流、智慧火花不断碰撞的过程。爱尔兰作家萧伯纳说过："两个人各自拿着一个苹果互相交换，每人仍然只有一个苹果；两个人各自拥有一种思想，互相交换，每个人就拥有两个思想。"如果团队中的每个成员都能将各自掌握的新知识、新技术、新思想拿出来和其他团队成员分享，则集体的智慧势必大增，"1+1>2"的效果自然也就达成了。

纵观国内外，每一家著名企业的发展都离不开"学习"二字。美国排名前25位的企业中，有80%是按照"学习型组织"模式进行改造的。国内一些企业也通过建设"学习型企业"给自己带来了勃勃生机。正如复星集团董事长郭广昌常说的一句话："企业之间最核心的竞争，就是看谁能比竞争对手学习得更快！"

团队学习可以凝聚每个人的智慧，把潜在的成员智慧转变成实在的团队整体智慧，达到"1+1 > 2"的效果。因此，团队学习要比个人学习更重要、更有效，因为它是集中发挥每个人智慧的最佳途径之一。

与此同时，由于个体的差异，每个人都有不同的能力优势，但同时也都存在能力短板。通过团队学习，可以有效发挥团队成员个人的比较优势，提升能力短板，来达到团队内部的互助。团队学习还能使团队智慧融入个人化理念中，以不断适应新形势下开展业务的工作需要，使员工可以免费享受别人的工作技巧和有效方法，更可以展示每个员工的理解和独特设想，接受别人的启发和灵感。

团队学习的过程实际就是团队成员互相协作并实现共同目标的过程。在学习过程中，直线经理不光要组织员工学习专业技能，还要引导他们学习如何跟人沟通，如何互相配合协作。

如果缺乏有效的引导和组织，员工个人的学习与团队的学习将会脱节。即使部门内每个人都在学习，但团队整体却没有形成良好的学习氛围，那么无论如何努力，也仅仅是提升了少数成员的能力，团队的整体战斗力却始终会徘徊不前。

5.2.2 学习型组织与培训的关系

学习型组织强调终身学习、全员学习、全过程学习、团体学习。为了做到这些，企业中的基层管理者尤其应通过培训来保证企业生存，提高竞争力，从而实现个人与工作的真正融合，在工作中活出生命的意义。

图 5.2-1 展示了培训对企业成长为学习型组织的重要意义。

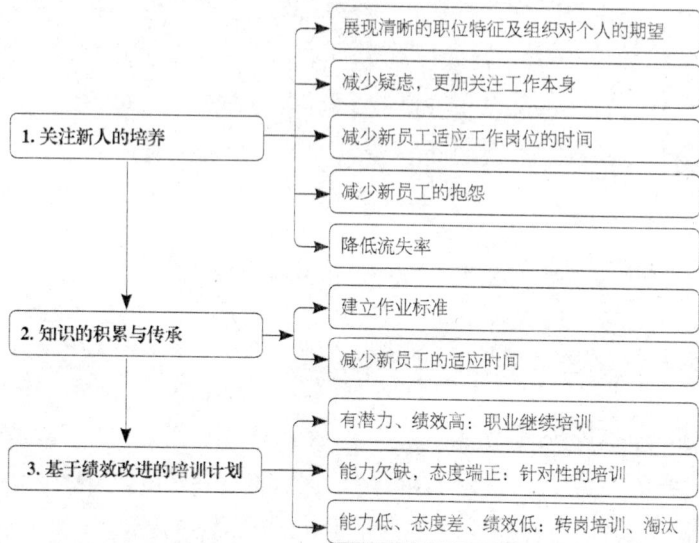

图 5.2-1 培训体系对企业的意义

培训的作用在于解决企业面临的发展瓶颈和绩效问题，帮助企业实现战略目标和转型升级。在具体实施中，培训有以下关键点。

1. 建立业绩改进模式

建立业绩改进模式的步骤如图 5.2-2 所示。

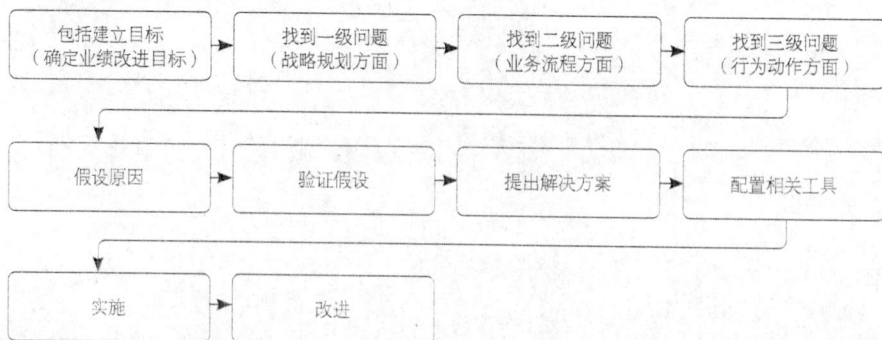

图 5.2-2 建立业绩改进模式的步骤

2. 建立企业内部的"智库"

企业可通过不断搜集业务前线、客服人员、同行竞争对手在工作中遇到的问题，并将搜集来的问题整理成类别清晰有序、便于查找的案例库，形成"智库"，从而给基层员工提供源源不断的案例解决方案，让他们可以全力以赴地面对竞争。

为了发挥上述两大作用，企业的培训必须符合自身实际情况。正因为人才培养在企业发展的不同阶段有着不同的实施策略和评估维度，所以培训工作就不能只强调专业性而忽视实践性。直线经理必须具有整体视野和竞争观点，让培训与公司的战略和业务紧密相连。毕竟，培训不是目的，而是达到目的的方式。

笔者曾见过有的咨询公司将外企的一套培训体系完全照搬到地方民营企业，结果因太过复杂，不符合实际，基层管理者也无法实际使用操作，导致培训成果只能束之高阁。

直线经理应清楚：优秀企业的培训制度、流程固然好，但是它也是经过很长时间的不断完善，也只适合某个阶段。直线经理在实际工作中不能完全照搬别的团队的培训制度，一定要因地制宜、因企制宜，做到对症下药，如果下药过猛反而会有副作用。

5.3 培训效果如何转化

早在 20 世纪 80 年代，鲍尔温和福特通过对培训的广泛研究，得出了令人震惊的结论。他们发现，美国工业界每年花费在培训上的费用超过 1 亿美元，而其中只有 10% 在实际工作中起到作用。随后，更多的研究都相继发现大多数培训无法迁移到实际工作中。1992 年，斯托洛维奇在对各类文献进行系统分析和自己多年对企业培训的研究与实践的基础上，提出了培训绩效曲线图，如图 5.3-1 所示。

理想培训效果　　　　　　　　　　　实际培训效果

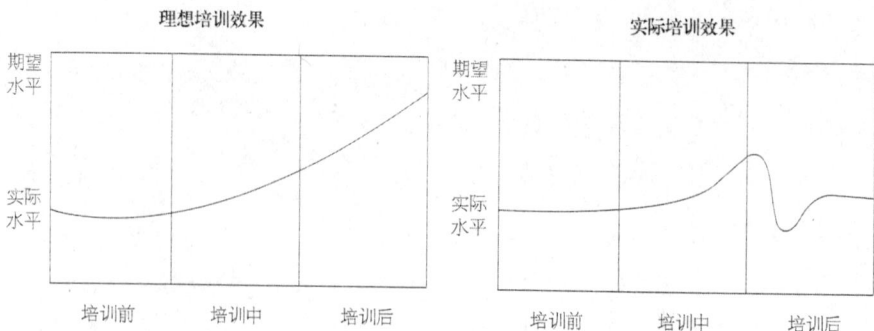

图 5.3-1　培训绩效曲线

从图 5.3-1 中可以发现，期望的培训绩效和实际的培训绩效之间存在很大差别。这往往是被管理者所忽视的。换言之，即使受训者在培训过程中表现非常好，但是在回到工作岗位后，如果缺乏必要的支持和实践机会，培训的绩效会迅速下降，受训者很快就会退回到培训前长期以来形成和适应的工作行为与习惯，达不到培训的目的。

自然，培训后，员工的绩效确实也有提升的可能，但随之而来的则是衡量问题。因为这种提升中究竟有多少属于培训的效果是难以直接、有效衡量和评估的。这是因为业绩的增长受到多种因素的影响，比如，员工个人的努力程度、市场经济环境、产品定位策略、竞争对手影响等，很难说清楚培训的直接贡献。

由于上述原因，企业培训的效果经常让管理者感到失望，甚至怀疑培训工作的必要性。要想解决这一问题，必须通过提升培训参与度、建立科学的培训体系、强化培训标准三大方法，真正凸显培训效果。

5.3.1　如何建立在职培训体系

建立在职培训体系是直线经理的重要管理任务。科学高效的培训体系主要包括培训师、培训内容和学习者三部分因素。其中，培训师的来源为企业内部或外聘。培训内容则可以通过与实际需求的对比加以决定。因此，培训体系得以建立的真正关键是对内部资源的整合利用以及对员工培训意愿的培养。

1. 提出各项职位需要的专业技能需求

若要建立在职培训体系，则企业必须先从企业的年度经营计划目标、核心专业能力两方面进行确认。直线经理可以提出现在部门中各岗位需要的专业技能需求，如财务会计部门的成本管控、市场营销部门的大客户管理等，然后请人力资源部门针对这些需求进行整体规划。

2. 确定重点培训对象

一般的在职培训规划设计是以年度为单位确定所需课程内容的。这就需要企业首先确定在职培训的核心部门或核心人员。因为资源有限，还有成本问题，所以企业在培训对象上要抓住重点。

需要注意的是，在确定重点培训对象的过程中，企业应正视正态分布培训与幂律分布培训的区别。

所谓正态分布，是"边际成本"不为零等因素导致的培训现象，表现为最好表现和最差表现的人群都很少，大部分人趋向位处中间的"倒钟形"分布，如图 5.3-2 所示。例如工作业绩、学习效果等都会出现这样的情形。

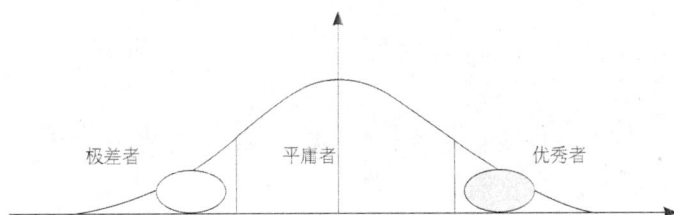

图 5.3-2　正态分布曲线

幂律分布是边际成本不同等因素导致的，表现为强者越强、弱者越弱，如图 5.3-3 所示。

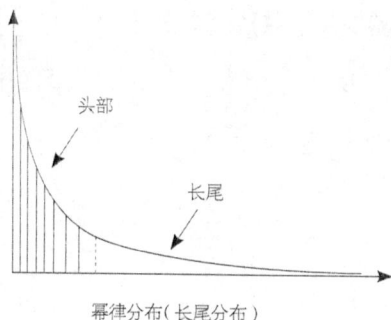

图 5.3-3　幂律分布曲线

建立对上述两个曲线的正确理解后，直线经理可以将之运用到不同的培训体系中。如果企业对员工的需求提高，就要运用正态曲线打造培训计划；反之，则通过选择幂律分布，以在短时间内培养团队的核心关键性力量。

如某公司急需扩大市场的覆盖面，那么培养高效的营销团队就非常必要。让每个营销人员都能通过培训获得成长，就变成了第一要务。因此，该公司营销经理对团队人员进行了正态分布培训。

3. 有关讲师的遴选

确定培训对象后，直线经理就应遴选培训师。这时，直线经理既可以从企业内部人员中筛选，也可以从外部聘请。从目前企业所采用的培训情形来看，上述两种遴选培训师的方式应该是相辅相成的。

如果直线经理要马上对员工进行培训，那么最节省时间的方法还是外聘培训师，但讲解的深度和实用性可能不及从内部选拔的培训师。

在公司内部寻找培训师时，可以对各位直线经理是否愿意担任讲师进行调查，逐渐找到比较好的可以在公司内部担任培训师的人才。例如，营销部门关于营销的技巧、客户问题的处理等课程都是营销体系在职培训的内容。如果公司内部有能讲解这些课程的培训师，那么这些培训师就能为公司提供便利。

4. 培训课程的排序

对培训课程进行排序时，一定要把最急需的课程排在前面。通常情况下，人力资源部门不可能熟悉所有部门的业务类型，也就不太清楚最新的培训动态。

例如，人力资源部门对计算机技术了解并不充分。这就需要由业务部门为人力资源部门提供信息，甚至业务部门要亲自寻找培训师进行培训，而人力资源部门只负责行政工作。所以，对在职培训的安排，直线经理对信息的掌控是最重要的。

因此，直线经理要及时与人力资源部门进行沟通，重点提示那些有关行业最新信息或部门急需的培训课程。

5.3.2　如何将培训进行迁移

培训迁移是指员工将培训时学到的知识、技能、态度等有效地运用到工作中去的程度。学以致用是培训迁移的关键。

员工在培训迁移的过程中，主要经历以下 4 个阶段。

培训前动机—— 趋向于掌握培训课程的有意努力。

学习——掌握培训课程内容的过程。

培训绩效——对在培训中所学内容的测量。

迁移结果——员工接受培训后在实际工作中的表现。

这 4 个阶段正好符合 PDCA 循环（见图 5.3-4），其中任何一个环节出现问题都可能导致培训效果打折扣。

PDCA 模型

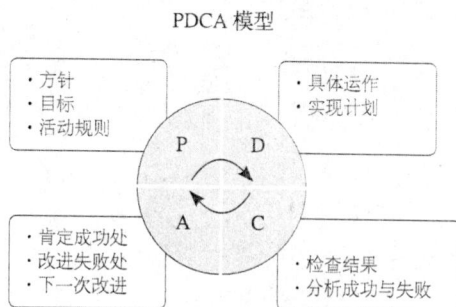

图 5.3-4　PDCA 模型

实际上，迁移现象并不只是发生在企业培训中。日常生活中，每个人都有类似的迁移体验。当你学会骑自行车，学摩托车就会更快；学会了滑冰，就有助于滑雪；在家养成了整洁的习惯，在公司也差不到哪里去。

实际上，技能、知识、情感和态度都可以迁移，迁移的本质是一种学习对另一种学习的影响。这种影响早已为人们所熟知，我国古人就有"举一反三""触类旁通"之说。

1. 迁移的形式

学习迁移有两种不同的形式，分别为正迁移和负迁移。

正迁移是指一种学习对另一种学习起促进作用。正迁移常常在两种学习内容相似、过程相同、原理近似时发生。

例如，深入学习了管理课程的学员，在面对营销问题时，可以用到以前学习的管理原理，完成学习迁移。

负迁移是指一种学习对另一种学习起干扰或抑制作用。负迁移的产生常常会让学习者在有相似点但又不完全相同的学习中产生认知混淆。例如，很多人在学会了汉语拼音后，再学英文国际音标时就容易产生干扰。

在很多情况下，正负两种迁移在培训前后会同时出现，需要培训者进行对应性的引导。

2. 相同要素迁移说

学习正迁移的效果由两个学习情境之间的相同要素量决定。相同要素越多，迁移的程度越高；相同要素越少，迁移的程度越低。

根据这一原理，培训教学要与学员的工作实际相结合。这样才能让员工将所学到的知识应用在工作上，顺利完成学习的正迁移。

5.3.3 培训后效果强化方案

培训后并非万事大吉，只有积极强化培训效果，才能推动培训的正迁移。这就需要培训讲师对培训内容加以调整，使之贴合培训对象的实际，这样更能强化效果。

今天的企业培训尤其是流行的拓展培训中，有大量并不适合效果强化的现象。例如，在室外拓展培训中，在水坑中间架上横木，两位学员必须面对面站在上面并同时过到河对岸。对此，每个员工都没有选择，只能和同事抱在一起，转身过河，只能形成"团队精神"。

然而，在培训之后的效果强化过程中，员工很快会意识到，工作情境中存在很多选择，并非只有"团队精神"才能让他"过河"。

同样，很少有人站在十米高台上工作，而拓展时却经常让员工爬到那个高度。其中的意义令人难以理解，员工自然也无法接受，效果强化更是很难实现。

当讲师进行案例教学时，也很容易发生上述情况。例如，一些培训讲师在讲课时总以 IBM、GE、阿里巴巴等企业举例，而员工却如坠云雾中。因为这些企业和员工实际工作的环境相差甚远。如果培训讲师采用员工身边发生过的、来自同一级别的企业、同一个行业的案例，员工就能感同身受，在形成体验的同时也不会影响培训效果的强化。

培训内容设计不当会导致相同要素匮乏，无法形成正迁移来进行效果强化。因此，并不是任何形式、任何内容都适用于培训。直线经理在选择讲师和课程时必须十分慎重，确保培训活动与员工的工作能有更多的相同要素，并便于效果强化。

5.3.4 部门可开展的培训内容与形式

部门可开展的培训内容与形式多种多样，不同的培训会有不同的效果。什么样的内容与形式是最好的，值得直线经理深思。

要想弄清楚这一问题，直线经理首先要明白什么是不好的培训内容与形式。

1. 培训不是活动

有些企业把培训变成了演讲，讲师认为自己讲就可以了，不用考虑听课人的感受；有的讲师把下面的学员看成"木头"来避免自己紧张。好一点的讲师则会讲一些笑话、故事，以此和学员"互动"，但实质上还是演讲。

其实，培训不只是讲课，也不是讲故事、户外拓展等活动，而是让员工学到知识和技能的过程。

2. 培训不是独角戏

对于成人来说，连续几小时听讲师坐而论道，即便是"单口相声"式的演讲，效果也是很差的。因为成人有自己的观点，所以，培训不是独角戏，培训者必须懂得如何将员工带动起来，让他们参与到培训中，让他们的观点和其他观点去碰撞，才能在培训中形成更好的学习效果转化。

因此，优秀讲师的培训过程绝不是只有自己讲的内容，而是懂得充分调动学员共同参与，让学员彼此学习讨论后，再由讲师针对讨论中出现的问题进行点评和总结。这样的互动方式能够让学员的经验得到充分交流，既吸收到了有益观点，自身也得到了提高。

便于互动的具体教学方式有很多，可以是小组讨论等传统方式，也可以是游戏体验、户外体验等方式。

3. 重视培训的练习过程

培训中的"培"重在培养学习气氛。有了良好的气氛，每个人才能充分放松，有讨论和分享的欲望。而所谓的"训"，就是在积极的学习气氛中由讲师进行总结和训练。

在实际培训过程中，讲师不能只讲原理，寄希望于学员回去练习而得到效果，然后在工作中实践。实际上，真正有这种练习能力的员工已经非常优秀，大多不需要低级别的专门培训。

例如，若想训练合格乃至优秀的销售代表，则销售经理首先要向相关销售代表讲述原理，最好进行充分示范，随后不断地要求相关销售代表进行实践，并纠正他们的各种错误，甚至和他们一起去拜访陌生客户。从客户那里回来后，销售经理再帮相关销售代表进行工作总结。这样，销售代表就会在实践中不断地"练"，掌握实用的技巧，让销售成为自己的本能。

因此，直线经理不能只邀请那些夸夸其谈的演讲类培训师，而是要请具有实践经验、可以不断训练员工的专业人士。

如果说互动气氛需要通过"培"来形成，那么只有侧重"训"才能发挥"培"的作用。真正训练开始之前的互动都是铺垫气氛、总结思路的过程，最后都需要通过训练让学员学到知识。学员在离开培训教室后，如果技能得到了提升，有了明确的思路，则这样的培训成果才能得以转化。

5.4 企业内部培训的生态圈建设

建设学习型组织成为越来越多企业的管理目标。"组织学习生态圈"理念也开始深入企业培训体系。

纵观当今企业培训生态的现状，各种各样的企业大学、商学院、培训组织各自成为团体，然而这些团体之间并未产生有效连接。如果企业能够自主搭建平台，将这些团体有效地连接起来，就能形成拥有平台、内容和创新优势的学习生态圈。

5.4.1 如何提升一线员工的培训参与度

提升一线员工的培训参与度，是建立培训体系的关键所在。员工的学习意愿并不只是影响学习气氛，更重要的是决定其学习效果。这就要求直线经理在培训过程中引导员工对培训的认知。

为了提升员工对培训的参与度，直线经理首先要引导员工避免将培训当作福利。

把培训当作福利是非常错误的观念，值得直线经理警醒。因为培训并不属于企业对员工的奖励，而是员工对自身的有效投资。当然，培训除了对员工有所帮助外，对企业的帮助也显而易见，因此，这种投资是双赢的。通过培训，员工的知识与能力获得了增长，而公司也会获得较高的效率。

为了充分调动员工的培训意愿，直线经理应该向员工强调其通过培训能够得到胜任工作岗位而必须掌握的知识能力，且强调参与培训是其责任，也是其成长的必经之路。

为了巩固培训的成果，直线经理还应该将培训与绩效考核挂钩，还可以将培训结果的评价与员工的职业生涯规划紧密联系在一起。这样就能让员工认真对待相关培训。

其次，直线经理要了解员工对待培训的态度是否随意，是否认为可以自行决定参加或不参加。一旦发现员工存在这样的想法，直线经理必须通过谈话交流、发布通知等方式，强调培训的纪律性，避免员工随意缺席。

当然，如果员工因为工作忙碌而确实无法参加公司安排的培训，直线经理也应表示理解。在规划和组织培训时，直线经理不需要将每次培训都覆盖到所有员工。相反，直线经理应为每次培训设定人数、对象，让符合需要的人来上课。这样员工表现出的学习意愿就会比较强，也能与讲师和其他学习者进行充分、积极的互动。

案例：培训生态圈"铁三角"

培训生态圈"铁三角"是指企业商学院、企业宣传手册、培训师，如图 5.4-1 所示。

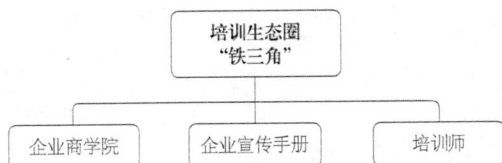

图 5.4-1 培训生态圈"铁三角"

1. 企业商学院

企业商学院的建立是中国企业发展史上的新纪元。每家企业商学院关注的都是企业的核心人才，其主要功能是培养人才、推动企业转型及文化变革、满足企业对新技术提升的需求。这样的关注并非一次性投入商学院运转，而将在企业内部形成良好的机制，可为企业打造梯队式的人才结构。

2. 企业宣传手册

企业宣传手册一般以纸质材料为直接载体，以企业文化、企业产品为传播内容，是企业对外最直接、最形象、最有效的宣传形式。企业宣传手册能很好地结合企业特点，清晰表达核心内容，快速传达发展及业绩信息。

3. 培训师

在企业中，每个员工都可以扮演培训师的角色，即"全员导师制"。因此，培训师的选择空间是全员性、全方位的。

例如，在华为，那些被调整到新岗位的"老员工"，不管资历多深、级别多高，都被安排向导师学习。这个导师也许资历比"老员工"浅，工龄比较短，但只要其岗位工作经验更丰富，就能够担任导师。因此，一些刚毕业进入华为公司一两年的员工，照样可以做导师。

导师肩负的培训责任很重，他们不仅要在业务上对"学生"进行传、帮、带，还要在思想上、生活细节上对"学生"进行引导。为了确保导师制落实到位，华为不仅对表现优秀的导师进行物质奖励，还利用制度做出严格的规定。那些没有担任过导师的员工不得提拔为行政干部；不能继续担任导师的，也会失去晋升机会。

全员导师制对中小型公司有着充分的借鉴、学习意义。由于中小型公司人员的流动普遍较大，而公司又无足够资金对员工进行培训，所以采用这种全员导师制的方式，可以用较低的成本实现对员工的有效培养。

5.4.2 "君、亲、师"育人

从字面上来看，"君"是管理者，"亲"是父母，"师"是老师。从特征来看，"君"代表以身作则，"亲"代表关怀、爱护，"师"代表引导教诲。无论哪种角色，都肩负着教诲他人的责任和义务，而其中身教更重于言教。

从这个角度看，如果父母、教师、直线经理能够扮演好"君、亲、师"的角色，就能看到教育和管理对象的转变，这需要充分的管理智慧。

在企业实际管理中，很多直线经理觉得自身得不到员工的认同，这往往是因为他们没有做到以身作则。他们可能利用手中的职权压制下属，表面上员工很听话，实际上口服心不服。因此，直线经理要用规章制度和榜样力量去感化与带动员工，而不是以权势压制别人。

同样，直线经理在每天和员工的相处中，如果能将自己放在"亲"的位置，将员工看成自己的亲人，在工作中多帮助他们，在生活上多关心他们，及时解决他们遇到的困难和问题；如果能将自己放在"师"的角色中，传授正确的做人、工作之道，采用以人为本的人性化管理模式，努力改善员工的工作环境，实现员工的价值成长，提升员工的生活品质，丰富员工的文化和精神生活，落实薪酬福利，则会改变整个部门的工作气氛。

直线经理应该清楚，下属不可能在工作初期就万事俱备，他们的成长需要通过点滴的指导逐步成就。为此，直线经理要有充分的耐心，应利用各种机会去提升下属的能力。这样，下属就会得到想要的进步与成长，他们自然会因此对直线经理产生感恩之情，并将之转化为工作上的动力和关系上的忠诚。

5.4.3　内部教育实操手册

企业培训的核心在于"训"，需要举办一系列训练营来进行内部教育。

下列案例为企业培训训练营实操手册模板，企业可以根据实际需要调整、应用。

案例：企业培训训练营实操手册模板

1. 企业文化、制度训练营

内容：

（1）行业状况、企业发展史、经营特色。

（2）企业文化：使命、愿景、价值观、理念，要求逐一实际践行。

（3）制度：日常制度、薪酬、绩效、财务、保密、风险管理、学习、例会等。

参与人员：全员。

培训周期：一至二季度一期（每期 1 ~ 2 天）。

主讲人：文化由企业高管负责；制度由商学院、人力资源部、企业各部门负责人负责。

通关：制度 100%，文化 80%。

2. 企业产品及业务运营

内容：

（1）产品知识（产品手册、规格、功效、特性等）；

（2）销售流程（销售手册）；

（3）服务流程；

（4）客户服务流程。

参与人员：全员。

培训周期：每人每年不少于2次。

主讲人：商学院模块培训师、各部门负责人。

通关：80%。

3. 基本技能训练营

内容：

（1）基本素质（坦诚、包容、爱、感恩）；

（2）礼仪；

（3）行为习惯（主动汇报、用心付出）；

（4）沟通；

（5）其他成长必需技能。

参与人员：全员。

培训周期：每季度不少于2次。

主讲人：商学院模块培训师、外聘老师。

通关：80%。

4. 储备人才培养

内容：

（1）企业文化；

（2）产品；

（3）团队管理；

（4）业务运营；

（5）领导能力；

（6）风险管理。

参与人员：优秀员工、中高管。

培训周期：每季度 2 期。

主讲人： 外聘老师、商学院模块培训师。

通关：80%。

5. 专业技术人才

人员：

（1）培训师、讲师；

（2）财务；

（3）人力；

（4）设计、策划。

内容：固化升级，研发。

培训周期：每季度 1 期。

主讲人：商学院模块培训师。

通关：80%。

5.4.4　人才培养 4 步开发法

人才培养的过程是长期、持续的过程。人才培养离不开系统工程的搭建，如果其是在正确的方法下进行，则即便其间出现波折，也会呈现螺旋向上的特点。因此，为了确保人才培养工程能得以建立并发挥作用，直线经理要赢得各方面的支持，全力打造良好的人才培养氛围。

企业人才培养的 4 个阶段如图 5.4-2 所示。

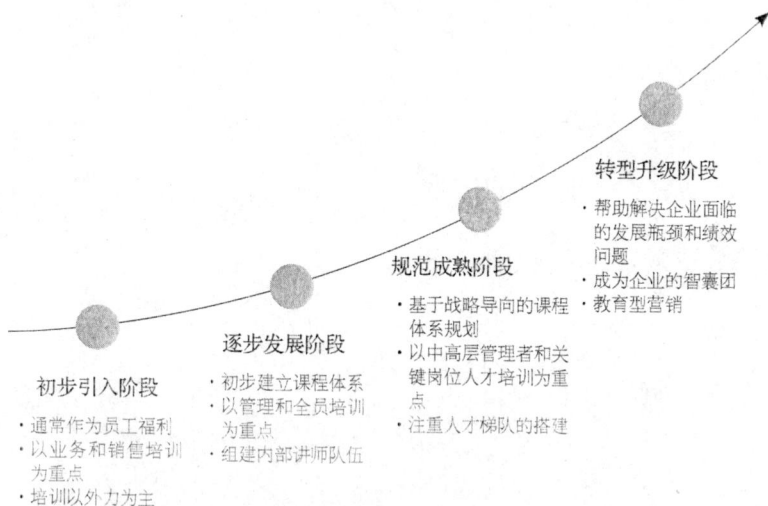

转型升级阶段
· 帮助解决企业面临的发展瓶颈和绩效问题
· 成为企业的智囊团
· 教育型营销

规范成熟阶段
· 基于战略导向的课程体系规划
· 以中高层管理者和关键岗位人才培训为重点
· 注重人才梯队的搭建

逐步发展阶段
· 初步建立课程体系
· 以管理和全员培训为重点
· 组建内部讲师队伍

初步引入阶段
· 通常作为员工福利
· 以业务和销售培训为重点
· 培训以外力为主

图 5.4-2　人才培养的 4 个阶段

在这 4 个不同的发展阶段内，从更多将培训作为员工的福利到建立培训体系，随后到人才梯队的建设，再到成为组织转型升级和解决绩效问题的"智库"，人才培养体系的定位、作用和立足的关键点都是不一样的。

1. 初步引入阶段

此时，企业处于创业期或整合初期，管理还不规范，以生存为重点。因此，直线经理在刚开始引入培训时，通常会将培训作为福利予以宣传灌输，重在扩充知识、提升素养、激发士气、调整心态。因此，该阶段的培训往往借助外力，并以员工满意度为培训效果的评估标准。

在初级阶段，直线经理立即开始建体系、做制度。正如医生开处方前必须先检查病人的情况一样，直线经理在不了解各个业务板块运营的情况下，如果直接将外来体系生搬硬套给本企业、本部门，可能会"开错药方"。

2. 逐步发展阶段

企业在进入快速扩张阶段时，逐步开始规范管理。此时，企业已经做了零散培训；经过 2 ～ 3 年的孵化与沉淀，成果初见端倪；培训逐步开始周期化、阶段化运营；员工对培训的满意度日渐提升；培训课程的内容逐步走向完善。此时的培训特点是以管理和全员培训为重点，以外部培训为主，有专职的培训负责人。

3. 规范成熟阶段

在人才培养的初步引入和发展阶段中，由于结果导向，往往把培训资源投放到业务部门和团队建设上。而当企业进入培训发展期，培训就需要倾向于提高全员的综合素质能力。因此，在这个时期内，大多数企业会建立以岗位素质模型为导向的课程体系。到了成熟期，企业更注重搭建以战略为导向的人才梯队。

正因为我们生活在竞争激烈、变化多端的时代，所以进入规范成熟阶段的企业所开展的培训工作更应具备前瞻性。管理者要根据企业战略发展对组织架构的要求，提前预测一年后，两年后甚至三年后企业对人才的需求，以对培训内容加以规划。

例如，预测三年后部门有多少高管职位、有多少中层管理人员的需求等，根据需求找出企业中有潜力的员工，有针对性地制订培养计划，以便岗位需求出现时能够随时填补空缺。

总之，该阶段的培训重点为中高层管理者、内部讲师队伍激励、以项目管理为核心的培训管理方式。

4. 转型升级阶段

随着企业对培训认知度的逐步提高，培训工具与技术的日趋完善，培训形式的多样化和实用性，培训在企业中的发展开始逐渐呈现战略化、职能化、专业化、系统化的趋势，课程类型也逐级发展为通用级、岗位级、企业级和行业级。未来，培训将成为企业在转型升级阶段重点依赖的战略发展工具。企业通过建立并优化卓越的运营体系，使培训成为绩效改进的有效途径之一。

5.5 OJT

OJT 是 On the Job Training 的缩写，中文翻译为"在职培训"。它是指在工作现场内，上司和技能娴熟的老员工通过日常工作，对相关人员进行的与必要的知识、技能、工作方法等相关的教育培训。

在西方管理学中，常用的埃里克森培训法即属于典型的 OJT 培训方法。

案例：个人的培训经历

笔者曾应邀去某合资企业做人才培养交流，发现出席那次交流的不仅仅是人力资源部门的负责人，而且上到公司总经理、下到车间主任集体参加，说明该企业对人才培养很重视，这是非常好的现象。

笔者从事培训和咨询工作十几年，真正看到全体中高层管理者一起来听人才培养课程的企业确实不多。实际上，人才培养不仅是人力资源部门的工作，也是不同业务部门的直线经理的共同职责。直线经理应认识到人才培养课程是为自己培养人才，而不能仅把人才培养看成一项例行的工作任务。

不同人员或部门在 OJT 过程中发挥的作用是不同的，如表 5.5-1 所示。

表 5.5-1　不同层级和部门在 OJT 人才培养过程中发挥的作用

角色	职责
总裁、总经理	1. 审核人才培养方案与计划 2. 负责对领导班子的培养工作 3. 关注储备高管的培养工作 4. 负责对人才培养工作的指导
分管领导	1. 负责对分管部门的负责人的培养工作 2. 重点关注新业务和储备干部的培养工作 3. 负责对分管部门的人才培养工作的指导
直线部门负责人	1. 负责对下属员工的培养工作 2. 为员工提供锻炼能力的岗位实践机会
人力资源部（培训部门）	1. 负责制订公司的人才培养方案与计划 2. 负责对公司人才培养工作的组织实施，并提供专业支持 3. 接受各部门对人才培养工作的评估，并根据反馈意见进行改进

5.5.1　OJT 自检表

OJT 是一种极具实用价值的培训方式。在开展具体工作时，上司和技能娴熟的老员工进行示范讲解，而其他相关员工则进行实践学习，有问题可以当场询问、补充、纠正，还可以在互动中发现以往工作操作中的不足、不合理之处，共同加以改善。因此，OJT 也被称为"职场内培训"。

为了让 OJT 充分发挥其价值，直线经理最好能够对应表 5.5-2 中的内容，积极开展培训工作自检。

表 5.5-2　OJT 的目的与处理方法

OJT 的目的	OJT 处理方法
员工入职培训，通过 OJT 使新员工在试用期内掌握本职工作所需的知识与技能	（1）新员工在试用期内达到 OJT 目标，则作为转正的重要依据之一 （2）新员工在试用期内未达到 OJT 目标，则作为延期转正或淘汰的重要依据之一
员工在职培训，提高老员工的知识技能	员工在 OJT 结束后，OJT 评估表由人力资源部存档。对于 OJT 评估结果交叉的员工，人力资源部应会同主管部门共同商讨处理办法： （1）如果员工未能达到目标的原因在于指导者，则处理方法为改换指导者、重新进行 OJT，或者与指导者沟通重新进行 OJT （2）如果员工未达到目标的原因在于员工自己，则处理方法为对被指导者进行工作轮换，或者重新进行 OJT

5.5.2　3E 模型育人

3E 模型是被世界知名企业广泛应用并加以实践验证的模型。诸如思科、IBM、巴斯夫、微软、华为等企业，都在此模型的指导下培养人才。

在 3E 模型中，若企业要求在某领域不具备能力的人掌握相关工作方法，则企业必须同时运用 3 种培训学习方式，分别是 Experience（交流中学习）、Exposure（工作中学习）和 Education（课堂上学习）。

除了 3 种学习方式的内容相互渗透之外，时间配比也很重要。其中，交流中学习占 20%，工作中学习占 70%，而课堂上学习只占 10%。

3E 模型的结构和配比说明，员工能力的形成不可能一蹴而就，必须通过 3 种学习方式全面覆盖，才能顺利实现提升。在此过程中，课堂学习只占到整个时间分配的 10%。换言之，由培训师进行宣讲灌输，员工在课堂上听完后其能力就得到快速提升，只是一个美好的愿望而已。

在员工培训的过程中，课堂学习的意义更多在于进行系统梳理，加快员工在工作中实践和交流的成长速度，类似于化学反应过程的催化剂。实质能力的形成主要还是靠在工作中的实践和交流。这才是 3E 模型带给人们最大的启发和意义。

第 6 章

留人：
如何设置激励机制，留住人才

在员工成长和锻炼的过程中，管理者既应给予必要的关注和辅导，也应构建业绩导向的回报机制，营造多元的激励体系，帮助员工创造高度的个人成就感和社会价值。同时，管理者应通过优胜劣汰机制，让员工体会到内部的竞争压力，以保持整个组织的活力。

6.1 留人新举措

随着市场竞争的加剧和企业规模的扩大，企业对人才的需求也日益迫切。发展速度越快的企业，就越缺少优秀人才。如何留住人才，是企业需要解决的问题。

6.1.1 铁打的营盘，流水的兵

留人的首要举措在于基层管理者能够主动裁掉那些不合格的员工。

"铁打的营盘，流水的兵"，健康运转的团队必须随时保持新陈代谢的旺盛。因此，一定的人员流动是必需的。管理者只有在公正、公开的标准指导下，果断淘汰那些不应留在团队内的人员，才能使整个团队越来越精练、高效。

不可否认，团队中的每个成员都或多或少地创造过价值。但在一定时间内，有些员工创造的价值高，有些员工创造的价值低，还有少数人甚至可能创造着"负价值"。这少数人不但没有为企业创造效益，反而成为其所在集体的负担。在这种情况下，那些价值贡献为负的员工必然要被淘汰。

郭士纳出任 IBM 掌门之际，正是这家公司亏损严重、即将分崩离析之际。他上任后，实行扭亏为盈的一个重要措施就是裁员。

在上任不久之后的备忘录中，郭士纳说出肺腑之言："你们中有些人多年效忠公司，到头来反被宣布为'冗员'。报刊上也登载了一些业绩评分的报道，我知道这会让你们伤心愤怒。我深切地感到自己是在需要大量裁员的非常时期上任的。我知道这对大家来说都是痛苦的，但大家都知道这是必需的。"

在郭士纳到来之前, 不解雇政策向来是 IBM 企业文化的主要内容。公司创始人托马斯·沃森认为, 这种政策能够让每个员工拥有安全的工作感。然而, 郭士纳的裁员显然是一次"大手术", 他在半年内至少辞退了 45 000 名员工。

裁员行动结束后, 郭士纳对留下来的雇员说: "有些人总是抱怨自己为公司工作多年, 薪水太少了, 职位升迁太慢。可是想加薪你必须拿业绩说话, 得给公司创造出最大的效益。你们最终是否能够留下来, 就看今后的表现了。"

通过以裁员为起点的一系列治理整顿和改革, 郭士纳在短短 6 年中重塑了 IBM 这个传奇企业的美好形象, 使之走上了复兴之路。对那些有资格留下来并为企业创造越来越多效益的员工, IBM 始终都不离不弃。

裁员是企业单方面与员工解除合同的行为。通过裁员, 管理者裁掉不适合或冗余的员工, 终止雇佣关系。由于裁员属于刚性的人才退出方式, 员工的退出大都不是自愿的, 其具体工作往往让管理者感到很棘手。然而, 人力资源管理方面的基本职能在于"选、育、用、留", 要想留住有价值的员工, 就必须裁掉不合格的员工。

因此, 管理者一旦做出裁员决策, 就必须立刻展开行动。

1. 及时公开信息

裁员属于重要人事管理工作, 不仅影响到企业的发展前途, 也会对每个员工及其家庭产生重要影响。无论裁员情况如何, 管理者首先应当及时公开地将实情告诉员工, 做到信息透明, 确保公开、公正、公平, 使被裁员工容易接受, 也让留任员工感到安心。

2. 做好善后工作

裁员属于不得已之举, 如果将员工一裁了之就认为万事大吉, 不仅会给员工带来伤害，而且还会影响企业形象。裁员同样可以充满人情味。这就需要管理者做好裁员的善后工作，具体的善后工作包括经济补偿、推荐就业、免费培训等。

3. 关注留任员工

裁员本身是一把"双刃剑"。即便裁员没有影响到大多数员工，但如果裁员计划没有妥善设计和安排，很容易让留任员工出于对被辞员工的同情，而进一步对企业乃至管理者产生不信任，继而对工作的安全感产生怀疑。

留任员工对裁员的看法会影响到其日后的工作表现。因此，裁员后，管理者对留任员工的关注与管理一定要及时跟上。例如，管理者要及时向留任员工说明辞退的原因、解答他们的疑问，要公布对辞退员工的后继保障和补偿等政策。这样，留任员工才不会产生太多的质疑而动摇工作信心。

在企业内，辞退员工本身是相当正常的管理手段，可谓屡见不鲜。为此，管理者应保证员工清楚理解公司的处境。

辞退员工的管理行为，能够在企业内打造积极向上的工作氛围。辞退少数员工，说明企业和团队重视真正的人才：谁能为企业创收，谁就会得到重视；谁能适应环境，谁就更有资格留在环境中做出贡献。

"流水不腐，户枢不蠹"，保持适度的员工流动可以为企业带来源源不断的活力；淘汰不合格员工，引进高素质人才，可以推动企业实现组织愿景。

6.1.2 留人措施，各有千秋

留人的另一重要举措在于物质和精神激励并用。

企业若想留住优秀员工，不能单纯依靠裁员的大棒，更需开发出不同的激励内容。激励留人主要包括两种形式，即物质鼓励和精神激励。

一个优秀的团队，少不了对这两种激励方式积极、灵活的运用。如果只有物质鼓励而没有精神激励，团队无法让员工得到更高层次的满足，也就难以让每个员工的目标合而为一，无法发展壮大；反之，如果只有精神激励而没有物质激励，员工不可能单凭"信仰"生活，团队自然也无法存活下去。

无数事实证明，只有将物质鼓励和精神激励综合运用于团队，发挥两者的长处，才能让员工不同层面的需求都得到满足。由此，团队才能留住人才，才能基业长青、不断发展壮大。

创业之初，马云并不能给员工提供高工资待遇，但他的团队仍然具有高涨的热情和冲劲，时刻保持着强盛的战斗力。有人分析说，这是因为马云具备特有的个人魅力，懂得如何给员工精神激励。事实上，如果马云没有为大家描绘出一幅将来可以"赚大钱"的美好前景，即使他再有个人魅力，恐怕也难以让他的"十八罗汉"团队长久运营下去。

马云懂得采用多种激励形式的必要性和重要性。从一开始，他就让初创团队中的每个成员都成为阿里巴巴的投资人，让每个成员感到物质利益的吸引。出于同样的理由，他在阿里巴巴上市之后，又打造出了合伙人制度，让跟随他创业多年的伙伴们不仅得到了巨额的金钱回报，还实现了新的个人价值。

实行多种激励形式需要一定的资源掌管和分配权限。曾经有基层经理问："我带领的团队并没有独立的财务权，如何对成员进行物质激励？"

正确的做法是，基层管理者可以在力所能及的范围内对员工进行多种形式的激励，获得他们的理解和支持。例如，你所处的管理岗位虽然没有独立财务权，但根据公司的规章制度，团队完成任务指标后，就能得到对应的物质奖励。只要你把这些奖励进行合理分配，完全可以在一定程度上激发大家的工作动力。管理者不要认为奖励太少就难以产生激励，实际上，同一个团队内成员的心理通常是不患寡而患不均。在公司既有奖励制度的基础上，只要你能尽可能地考虑到其他人的合理利益，其他人就会受到鼓励，并乐意努力工作。

一个团队的激励文化内容中应该既有物质因素，又有精神因素，并将之运用到团队发展的不同阶段中去。当团队成员还处于为生存而工作的时候，就要偏重于物质激励。而当团队整体远远超越了物质的需求时，就要适时地把激励的重心偏向精神方面。如何将激励重心从物质向精神转移，是团队领导需要思考并解决的问题。

6.1.3 职业规划，公私合需

留人的举措同样包括积极的职业规划。通过对职业规划的指导，管理者既能满足员工的个人需要，也能满足整个组织的集体需要。

在当代社会中，虽然规划并不意味着必然成功，但没有规划的人肯定无法成功。从员工角度来看，缺乏有效的规划，就会在求职时缺乏清晰的目标，更会在工作中时常表现得茫然失措。从团队角度来看，员工职业规划是否清晰，不仅会影响其个人的工作状态，更会影响到团队、公司的业绩。因为只有集体内每个人都准确地认识到自身的目标，整个集体才能形成合力。

下面是职业规划满足公私需求的主要方法。

1. 职业规划的前提

要想让员工做好职业规划，就应指导他们正确进行自我了解。自我了解主要包括三个关键点，分别是性格、兴趣和能力。

管理者应积极指导员工，根据其性格特点选择最合适的工作。正如有些研究者提出的，性格特点决定工作业绩。很多人之所以表现得不适应工作岗位，其问题在于没有找到适合自己性格的工作。例如，销售行业需要很好的沟通能力，要善于表达；通常情况下，直线经理在招聘营销方面的人才时，要注重外向性格的人才，尽量避免内向的人员加入。

一位大学毕业生性格相当内向，不喜与人交流。毕业后他意识到，性格内向是事业成功的障碍，于是他决定在工作中改变自己。

他好不容易进入一家销售公司做业务工作，但在工作时，其表现却很不理想。一开始，他试着主动与人交流，但碰了几次钉子后，他就回避与人交流了。一段时间后，业绩相当不如意的他被"请"出了公司。

实际上, 这位员工的失败与其团队领导不无关系。如果负责带他的经理能早一点提醒他了解自身性格, 就能避免他在销售岗位上浪费过多的时间和精力, 也能避免团队的业绩受到影响。

与性格一样, 兴趣也是重要的非智力因素。若员工对工作有了兴趣, 就会想方设法将事情做好, 哪怕遇到困难、挫折, 都会主动想办法来解决。因此, 管理者要了解员工对何种工作有兴趣, 再指导他们以此为突破口, 为团队贡献业绩。

此外, 促使员工积极了解自身的能力也很重要。直线经理不可能对每位员工的所有能力都了如指掌, 但有必要积极指导他们以结构性评测等方法了解其自身的能力特征。同时, 直线经理也可以结合日常工作中的部署、观察、合作, 发现不同员工突出的能力, 在团队分工中尽量做到扬长避短、相互配合。

2. 明确职业规划的意义

团队的业绩不仅与当前的工作角色和岗位分配有关, 还与员工的职业规划发展有关。通过职业规划找到长期目标的员工, 才能抗拒短期诱惑, 获得持续动力。这是因为拥有职业目标的人, 会朝着既定方向坚定前进。若整个团队都由这种目标感清晰的人组成, 则团队的工作氛围就会积极向上。

很多时候, 团队内所谓的失败成员, 并不是因为其没有能力, 而是主客观原因导致的角色定位失败。个人生涯规划, 正是让个人角色重新得到成功定位的方式。通过职业规划, 每个人找准自己的正确角色定位, 分工合作将变得清晰合理, 团队整体将由此形成良好的运转机制。同样, 当每个员工做自己喜欢的事情, 也更容易在岗位上获得个人成功。

总之, 如果员工懂得了职业规划的意义, 明确职业发展的目标, 不断用其来激励自己, 那么其工作和学习效率就会提高且更容易成功。

3. 正确地自我评估, 定位职业生涯方向

职业规划需要遵循一定的原则, 才能发挥重要作用。

所谓职业规划，就是个人尽可能清楚地预测和管控自身未来职业发展的历程，在充分考虑个人能力、性格特质、价值取向、发展利弊等因素的前提下，对未来的职业发展进行妥善安排，期望达到人生与工作的最高境界。

职业规划包括几个基本要素。

①了解自己，包括审视自己的兴趣、能力、价值观、性格、气质、成长历程对自己的影响等；

②了解环境，分析所从事行业需要的胜任能力、主要就业渠道、岗位职责、发展前景、薪资待遇等。

4. 确定的职业目标

之所以要选择确定的职业目标，是因为团队中不断会有新成员进入，他们并不清楚自己要朝哪个方向走。如果不能解决这一问题，他们最多就只能原地踏步。同样，团队内如果有大量员工对个人职业没有目标，其发展就会随时陷入停滞状态。

如何才能找准并建立职业目标？下面是具体的方法。

（1）盘点自己

如果不清楚自己想做什么、适合做什么、能做什么，员工就难以找到事业舞台去演绎多彩的职业人生。

管理者应该提示员工，首先去盘点个人的能力、个人的兴趣与爱好、个人的性格与气质、个人的学识水平、个人的技能，进而综合评价自己。

（2）分析自己

自我分析，需要充分利用机会评估工具，即SWOT分析法，如图6.1-1所示。在SWOT分析法下，员工应从下列四个方面进行自我分析。

图 6.1-1　SWOT 分析法

优势分析，包括员工曾经做过什么、学习到什么、最成功的是什么。

劣势分析，包括性格的弱点、经验或经历中所欠缺的方面。

机会分析，包括对社会大环境的分析、对所选择企业的外部分析、人际关系分析、潜在的危险分析等。

威胁分析，包括对个人经历所欠缺的学习内容、目前的潜在职业风险等因素加以分析，关注会阻碍实现职业目标的问题。

管理者应指导员工分析个人的学业、专业与职业。其中，学业是职业发展的基础，专业是职业发展的资源。员工应根据自身专业与能力情况，来选择自己的职业，确立职业目标。员工应清楚地认识自己，对自己的专业和职业进行完美的组合，处理好专业与职业的关系。

列举了职业发展路线之后，员工还应询问自己想往哪一条路线发展、适合往哪一路线发展、可以往哪一路线发展等问题。

（3）职业目标的标准

职业目标必须是员工自己认真思考和选择的。对选择的结果，员工应认真评估，确保对目标充满信心；愿意付出行动来达到目标，同时这种努力也适合员工的生活模式，符合员工的价值观。

在设定职业目标时，管理者还应提醒员工：目标不要太过高远，而应具体明确、高低适度、兼顾平衡。最重要的是个人目标要与企业目标一致。

（4）目标的设定

员工应该以自己的最佳才能、最优性格、最大兴趣、最有利的环境等信息为依据，完成对目标的设定。在设定目标时，通常分为短期目标、中期目标、长期目标和人生目标。

6.1.4　职业规划三叶草模型

三叶草模型是职业生涯规划的重要工具，其揭示了个人职业发展过程中兴趣、能力、价值三者之间相互推进的关系，以及三者缺失时所对应的情形。

三叶草模型整体运转的核心目的是将兴趣发展为能力，通过能力实现价值，再用价值强化兴趣。三叶草模型通过不断地循环旋转，让三叶草的漩涡不断扩大，使个人的职场表现更加完美。三叶草模型的原理如图 6.1-2 所示。

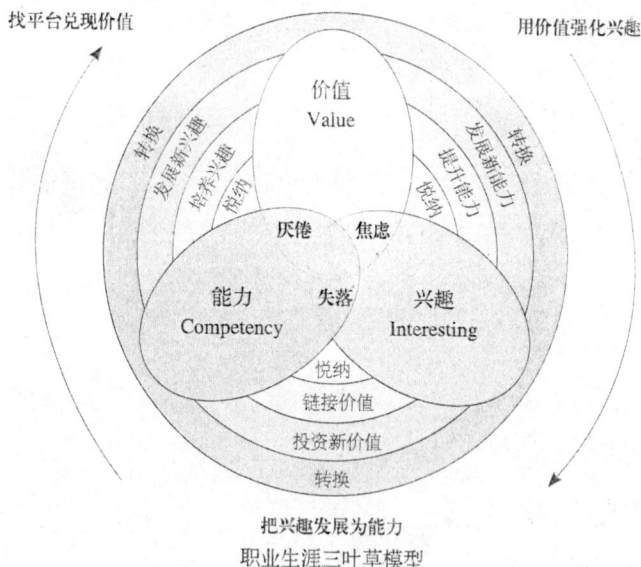

图 6.1-2　三叶草模型的原理

当兴趣、能力、价值三个要素相互正常影响时，员工的工作效率会明显提升，从个人到团队的心态都会无比愉悦，不会受到失落、厌倦、焦虑等负面心态的影响。

6.1.5　如何因人而异、寄予期望

基层管理者要面对的问题往往并不复杂，但问题会表现出截然不同的形式。例如，团队中有的员工擅长自我加压、愿意接受挑战；有的员工工作意愿不强，甚至有些懒惰。对这两种员工，管理者所遵循的原则其实是一样的，那就是因人而异、寄予期望。

管理者在遇到工作动力不足的员工时，应积极从思想上发现他们的问题，去激发他们的斗志和动力。例如，询问他们未来要过什么样的生活，了解其内心深处的原始想法。当其真正的动力被激发后，其思想才能有所触动并表现在行为的改变上。

实际上，不少员工之所以迟迟不愿意改变，很大的原因在于他们并没有真正经历过痛苦，抑或痛苦的程度还不足以触及其内心。所以，当团队中出现了看上去能力不强、行动意愿不足又不愿意积极思考的员工时，直线经理首先要改变的就是其思想，然后再寄予期望，并鞭策他们前进。

当然，大多数员工都有进步的追求，但工作能力却显现出不足。针对这类员工，直线经理要像老师培养学生那样去教导他们，很多年轻员工的成长过程都印证了这种方法的正确性。

唯一的问题在于直线经理能否做到像师长教育学生那样，去耐心教导这样的员工，根据他们的不同特点，逐步提升其能力。

老鹰带领小鹰飞翔的故事值得思考和学习。

老鹰把小鹰带到悬崖峭壁上，鼓励小鹰飞下去。这是逐步放权的过程，但是完全放权会是什么结果呢？一定会出现问题。

从一部纪录影片中可以看到，老鹰站在小鹰的旁边并驱赶其飞下

去。当小鹰飞下去无法张开翅膀时，老鹰立刻上去支持，教会小鹰平衡翅膀的动作，结果小鹰会飞了。

正是在这样的教导中，老鹰不仅能够自己在高空飞翔，也能鼓励团队逐渐往上攀登。有了这种传承方式，老鹰一族在同类中飞翔得最高，寿命也最长。

具体而言，对那些有需求而缺乏工作能力的员工，管理者必须有针对性地进行培训，解决其实际问题。对有些员工，管理者需要采用手把手的教导方式，教一次后再让其反复练习。对有些员工，管理者虽然可以充分授权，但管理者还要随时监督这些员工的工作。通过不同的训练方式，员工的能力就会逐渐提升。同时，由于经历了能力从低到高的进步过程，所以员工不容易被竞争对手挖走。

6.2 员工留人重在留心

管理者不妨设身处地地体会员工初到团队时的激情、热情和渴望。当初，这些员工带着憧憬来到你的团队里，而现在，你是否了解他们加入的原因？是为了得到一份收入，还是为了获得学习、成长的机会？你是否与他们交流过，是否知道他们内心深处的需求？

事实上，在每个员工进入团队之后的一段时间内，管理者都在观察他们，他们同样也在观察管理者。管理者关注他是否对工资满意，能否给团队带来相应的效益；而员工所关注的则是其付出是否与得到的相匹配。当这两种观察视角逐渐转化为博弈时，自然就会出现目标不统一、思想不统一的情况，最后导致行动和结果不统一。

当整个团队充满矛盾和对立气氛时，员工很可能认定团队无法带给他预期的帮助效果。此时，无论团队管理者如何试图对其进行帮助、教育或者沟通、谈话，都已经失去意义了。即便团队管理者有很强的沟通能力，这样的努力也只是在延缓其离开团队的时间。

与其如此，直线经理不如在有限的时间内理解并努力满足员工的想法和需求，保持团队目标统一、思想统一、行动统一、结果统一。这样，优秀的员工就不会弃你而去，因为确实是团队帮他实现了目标、满足了其需求。

6.2.1 留人核心：为员工营造一个大家庭

许多管理人员每天都会陷入事务管理中而不能自拔，结果忽视了对人心的呵护。有时，甚至员工找上门来想与之倾谈，管理者都会以没有时间为由拒绝。与下属谈话也属于管理者重要的工作内容，因为"天时不如地利，地利不如人和"，而人和就来自人心所向。

管理的发展变化经历了物本管理、人本管理和心本管理，而心本管理的发源地则是中国。中国几千年优秀的传统文化，是心本管理最强有力的思想武器。古圣先贤的思想智慧，无不与修心紧密相连。将中国传统文化运用于现代管理，可以高度概括为一个字，就是"心"。

真正优秀的管理者必然会关注人心。一切能够赢得员工心灵的言行，就是管理者所努力的方向。而赢得员工支持的方法不外乎物质和精神两个方面。其中，物质条件显然更多的由市场决定。现实中的绝大多数企业，普通员工所获得的平均福利报酬相差不会太大，相比之下，精神方面则有很大的空间可以挖掘。

要想赢得员工的心，管理者要能够主动为员工着想，充分关爱员工，从而产生万众一心、泰山可移的激励效果。

从未上过一天学的老人，居然在短短 6 年间白手起家，创办了资产达数十亿元的私营企业。这其中的原因在于这位老人赢得了员工的心。

创造这个真实童话的老人名叫陶华碧。她的名字可能对许多人而言是陌生的，但提起她的产品"老干妈"，在整个中国却是无人不知、无人不晓。认识她的人，包括员工，都亲切地称她为"老干妈"。以"老干妈"牌辣酱起家的老干妈公司曾名列"中国私营企业50强"的第5名，产品已出口到美国、澳大利亚、加拿大等多个国家和地区。"老干妈"已发展成为全国知名企业。

一位没有多少文化的老人，到底是如何将企业带上了让许多科班出身的商业管理专家也望尘莫及的高度？她的创业绝招是什么呢？

有记者曾问老干妈："您从来没有学过管理，怎么能取得如此辉煌的成就呢？"

老干妈的回答非常浅显："我虽然没有学过管理，但我当过妈妈。"

言下之意，她把员工当作自己的小孩来教育和呵护。

记者又问："难道您没有惩罚过您的员工？"

老干妈说："当然惩罚过，不过惩罚的利剑一定要掌握在妈妈的手中。"

爱员工如孩子的妈妈，胜过只会板起脸说教的高管。即使这样的管理者责罚了员工，相信员工也会在责罚中感受到管理者的关心与爱护。成功的企业是相似的，不成功的企业各有不同。那些充满矛盾的企业，其矛盾的根源总是与高管对员工内心的种种漠视有关。

团结、奋斗的工作和生活环境对于留住人才是很关键的。只有环境能留人，才能做到感情留人。

当然，企业并不是慈善机构，也不是养老院。无论何种"留人"手段，都必须以追求企业的长远效益为原则，不能以违反这一原则来片面追求团结。

下面是营造开心工作环境的具体方法。

1. 打造有尊重感的办公场地环境

吸引人才为己所用，是很多企业在人力资源竞争中所关注的要点。如何挖到自己想要的人才呢？据说，在同等条件下，如果企业的竞争对手只给人才以卡座办公的环境，那么企业就在应该向人才提供单独的办公室；如果企业的竞争对手给人才以小办公室，那么企业就应该向人才提供大办公室。不少企业运用这种方法获取人才，取得了很好的效果。

对于经济上有了一定保障的员工而言，具有私密感和尊重感的办公场所，不仅仅是工作条件的需要，同时在精神上也会产生受到尊重的感觉。

2. 团结和谐的工作环境

同事们在分工的前提下保持良好的合作关系，有利于企业工作氛围的改善。为此，基层管理者应该维护好团结和谐的工作氛围。

3. 被亲情包围的人际环境

人都有获取归属感并被组织接纳的欲望，因此，直线经理可以经常举办一些让员工感兴趣的集体活动，确保他们体验到在大家庭中工作的感觉。这有利于工作氛围的改善。

生日送礼品、节假日加餐、节日娱乐活动等，都有利于营造良好的企业氛围。

4. 对生活加以关心

吃：在外部资源不是很丰富的地方，企业必须办好食堂；

住：在有条件的情况下，企业最好为员工准备舒适的住宿条件；

行：尽量为员工提供交通便利，如上下班的班车、节假日订票。

管理者通过感情留人，可以体现出企业对员工的人情化关怀，有利于凝聚人心，增强员工的归属感，激发他们奋斗的动力和活力。那些提供较好福利的企业，也让员工感到更富有人情味和温暖感。员工在感受到企业贴心的关怀和帮助之后，还会由于具体的物质激励而感到心情舒畅，自然就会在工作中尽心尽力。

6.2.2 员工的内心需求

人的需求都是有层次的。一般而言，管理者要正确运用员工正在追求的目标层级或相对较高的目标层级来激励他们。

如何了解员工目前的需求层级呢？答案是马斯洛的需要层次理论。

马斯洛认为，人的需要可以归纳为五大类，即生理、安全、社交、尊重和自我实现的需要。

生理需要是人类生存最基本、最原始的本能需要，包括摄食、喝水、睡眠、住房、求偶等需要。这些需要如果得不到满足，其他需要都起不到激励作用。

安全需要是生理需要的延伸，人在生理需要获得适当的满足之后，就产生了安全需要，包括生命和财产的安全不受侵害、身体健康有保障、生活条件安全稳定等方面的需要。

社交需要是指感情与归属上的需要，包括人际交往、友谊、被群体和社会所接受和承认等。

尊重需要包括自我尊重和受人尊重两种需要。前者包括自尊、自信、自豪等心理上的满足感；后者包括名誉、地位、不受歧视等满足感。

自我实现需要是最高层次的需要，是指人有发挥自己能力与实现自身理想和价值的需要。

马斯洛认为，上述5种需要以层次形式依次从低级到高级排列，可表示成金字塔形，如图6.2-1所示。

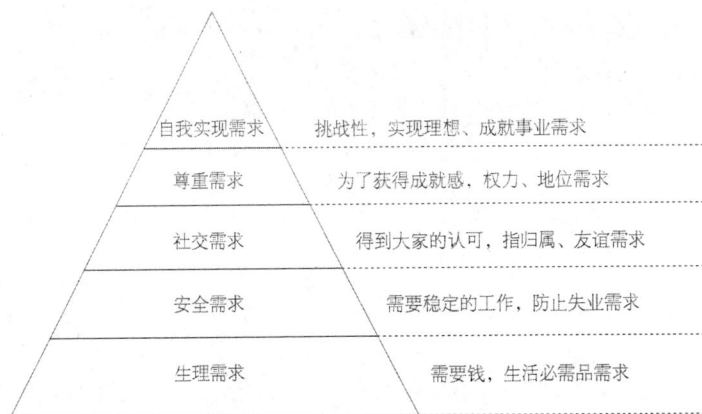

图 6.2-1　马斯洛需求理论

在同一个时期内，个人可能存在几种需求，但总有一种需求占支配地位，这就是强势需求。一般来说，只有当某个低层次的需求相对满足之后，其上一级需求才能转为强势需求。

人的需求是复杂的，往往不能机械地、绝对地按层次进行划分，也不能总是严格按上述各个层次逐级去满足。

总之，马斯洛需求层次理论要求管理者在运用激励时，能充分考虑到人的不同需求层次，做到"投其所好"。这样才能在下属身上激发出最高昂的士气。

6.2.3　待遇决定人才的去留吗

人事管理中有一条著名的"海潮效应"。海水因天体的引力而涌起，引力大则出现大潮，引力小则出现小潮。同样，一个单位的待遇越好，就越能够吸引人才；待遇差，就很难吸引人才。因此，不能将"待遇留人"看作老生常谈的话题，对此漠然视之。事实上，一旦待遇作为基础性因素却有所缺失，多数核心员工迟早都会"跳槽"。

合理的待遇并不只是薪资的多少，还有对员工价值的认可以及实实在在的尊重。高待遇能充分调动员工的积极性，也能让员工没有后顾之忧。当员工的需求能够通过合理待遇得到满足时，员工就能全心全意地做好本职工作。

驴子与狗结伴而行，途中发现地上有一个精致的信封。驴子捡起来，取出信纸，随口而念，内容是关于干草、大麦、糠麸之类的东西。

狗听了后急切地问："驴大哥，快往下念，看有没有涉及肉与骨头。"

驴子把信念完了，可是信中只字未提狗想要的东西，狗便生气地说："都是些无聊的东西，把它扔掉吧！"

这个寓言想要传达的道理很简单，即人都是为了满足自己的需求而去行动。需求是人的积极性的内在源泉和取之不竭的动力。

马斯洛需求层次理论认为，人的行为过程就是满足需求的过程。人首先要满足生理需求，有衣穿，有饭吃；吃饱了以后，就要追求安全感，包括环境的安全、身体的安全、心理的安全。

"安而后能虑"。在安全感满足之后，人们开始考虑社交的事情，满足社交的需求。比如，人们在职场上与同事形成一定的友谊关系，以及从志同道合的朋友那里找到心理上的满足感。

在工作过程中，员工同样希望得到别人的尊重。当感受到有人愿意听他的观点、有人希望得到他的建议时，他就会感到自己在团队中是被接纳和认可的，也就更愿意为企业工作和投入。

最终，当工作者的境界得到充分提升，其工作动力不再仅限于金钱时，其对自我实现的需求就会变得强烈。

马斯洛的需求层次用中国古语来表达就是"仓廪实而知礼节"。这样的类比或许不很恰当，但形象地解释了需求层次满足的先后关系。

管理员工也如此。管理者必须了解他们的行为动机和真实需求。你在明白了员工的真实需求后，就比较容易理解他们的行为，能够有的放矢地激发他们的工作动机。

员工在众多需求中，往往更注重心理需求的满足，他们渴望被信任、被尊重、被肯定。因此，直线经理在关注员工各类需求的同时，更应该关注他们的心理需求，并采取相应的办法和措施，设法予以满足。

只要掌握了正确方法，员工的这种心理需求就不难满足。关键在于管理者能否第一时间发现类似需求，并采取措施来满足。一旦员工的心理需求长期不能满足，演变成焦虑等心理压力，那时再去弥补，就很难达到预期效果，搞不好还会适得其反。

当然，给员工以良好的待遇能够满足最基础层次的心理需要。人固然需要精神收获，但精神收获不能直接变成物质财富。假如一个企业缺乏应有的薪酬竞争力，那么就很难吸引人才。

华为为什么能吸引越来越多的优秀人才加盟呢？就是因为华为提出员工待遇应向外企看齐，以高收入吸引众多优秀的人才。华为工资之高与员工工作之拼命是成正比的。华为干部的工资要比其他公司的同级别干部高出很多。据说在华为公司干上 5 年的中层干部就有能力买游艇，华为早期那些持有股票的干部一年分红就有十几万元。

华为在提升员工工作环境上也以"敢于花钱"而闻名。1996 年，华为在开发上投入了 1 亿多元资金，年终结算后发现节约了几千万元。任正非知道后说了一句话："不许留下，全部用完！"开发部最后只得将开发设备全部更新一遍，换成了最好的。

华为甚至还提出"不敢花钱的干部不是好干部""花不了的要扣工资"等理念，鼓励员工对重点客户的投入要不惜血本，大把大把地砸钱。员工出差，除了有很高的出差补助外，交通费、住宿费、通信费都是实报实销。良好的待遇换来中层干部的忘我工作，换来了华为的高速发展，使公司、员工都受益匪浅。

"舍不得孩子套不住狼"，直线经理应该明白这个浅显的道理：只有舍得拿出良好的待遇，才能够吸引人、留住人，让员工的心理获得满足；只有用物质去激活精神，才能够做到人尽其才、才尽其能，才能让员工为企业创造更多的财富。

案例：海底捞帮员工实现梦想

长期以来，餐饮店服务员岗位在人们眼中都属于待遇低、劳动强度大的工作。很多人选择这个职业，大都出于过渡，一旦他们发现自己有别的出路，基本上都会转行。因此，对于餐饮企业的管理者来说，要想让其团队内普通职工满意，并且真心实意地去干好这份工作，可谓相当困难。

直到海底捞的崛起，用事实打破了这种"必然"。

海底捞成功解决了员工管理难题。这家餐饮企业的员工流失率只有10%，远低于同行业的其他企业。不仅如此，很多竞争对手用高薪挖它的服务员时，大都遭到了拒绝。

有顾客问一个女服务员：看你工作这么努力，你一个月的工资是多少？

小姑娘回答说："工资不重要，关键是开心。"

她的回答让顾客更感兴趣了，于是他问道："那如果我在你现在的工资基础上再加500元的话，你愿不愿意到我那儿去干啊？"

小姑娘干脆地回答说："我们主管说了，跳槽等于离婚，离婚等于背叛，背叛等于破产，破产等于回老家。还有两个月我就能晋升为一级员工了，马上就可以把我的父母接来了，可以带他们去爬长城，还有两天的假……"

简单的对话让人们能够看出，海底捞的员工之所以忠诚，并不是由于他们的工资很高，也不是因为他们的福利待遇有多好，而是因为海底捞可以帮助他们实现梦想。

很多企业的管理者认为，重赏之下必有勇夫，只要给员工提供较高的工资和较好的福利待遇，就能提升员工的忠诚度。从一定程度上来讲，这个观点是正确的，因为物质刺激确实可以在相当范围内激发员工的热情，使他们忠诚于自己的工作，并积极发挥能力。

但我们还要注意到，人性对金钱、物质的欲望几乎是无穷的，而企业由于受到经营成本的限制，无法满足每个员工的"物质需求"。此外，即便较高的福利待遇和工资水平，也不能改变服务员工作压力大、任务重的现实。所以，即便有餐饮企业愿意给服务员较高的工资，很多人也不愿意为这份职业不断努力。

同样，情感激励也不能完全承担激励员工的重任。有人认为，海底捞给予员工较好的福利水平，并且打造出类似于家庭的工作氛围，是使员工忠诚且积极的关键。因此，海底捞把员工当家人关爱的情感激励，也是其员工与众不同的本质原因。

实际上，海底捞服务员之所以能热爱自己的工作，不单是因为企业给了他们较高的收入，还在于他们获得了成就感与尊重感，真正收获了其他服务员得不到的东西。海底捞倡导用双手改变命运的文化，帮助员工实现梦想。这种文化在企业内部深入人心。换言之，几乎每个海底捞员工都相信，在这里认真工作，就可以实现梦想、改变命运。

作为一家企业，海底捞并非单纯扮演雇主，而是在创建平台，给每一个渴望成功的人获得尊严的机会。这是海底捞能留住员工的奥秘所在。

海底捞从招聘的源头开始，就注意尊重员工。在市场竞争日趋激烈的情况下，很多公司在招聘员工时都强调高学历和相关的从业经验。许多企业在选拔人才时，事先提出各种限制条件，以保证企业聘用到优秀的人才。甚至一些并没有多少技术含量的餐饮企业，对其从业人员也有所限制，比如要求高中学历、身高达标，还要具备从事餐饮的经验等。

相比之下，海底捞招聘员工时，对学历、经验和各种条件均无限制。这家企业之所以如此设计，正是希望为那些出身普通、无学历、无经验的人提供机会。海底捞深知，许多人之所以没有成功，不是因为他们的能力不行，而是由于各种原因让他们迟迟得不到成功的机会。事实上，他们不仅有相当的潜力，而且改变命运的愿望还很强烈。他们进入公司之后更容易被塑造，从而认同公司的文化。一旦认同了公司的文化，他们就会把成功的愿望变成积极工作的信念。

海底捞的许多员工都是出身普通、无经验、无学历的人。这些人很可能在其他行业找不到成功的机会，而海底捞愿意为他们提供机会，本身就极大地刺激了他们成功的愿望。海底捞用双手改变命运的文化，更是契合了他们内心真实的想法。在这里，他们确信自己没有特殊的条件，只能通过双手改变命运，渴望通过劳动实现自己的梦想。在明确这一点的过程中，实际上塑造了员工为公司努力工作的信念。员工相信，只有为公司努力工作，才能改变自己的命运。

海底捞不仅用制度和文字倡导这种文化，并且采取了行之有效的管理行动。这家企业的领导层为每一个员工设计了晋升渠道，只要员工愿意干、努力干，就能够不断晋升。海底捞的员工中，涌现出很多成功的榜样。该公司的不少高层管理人员都是从最普通的服务员干起的。当海底捞的员工拥有了这些看得见的希望时，他们就自觉与公司建立了坚强的心理契约，即他们与公司有相同的信念。他们会因此愿意为公司的发展贡献自己的精力、时间、技术和真诚。

6.3 如何激励员工

科学有效的激励能调动员工的积极性、发掘员工的潜能、提高员工的素质。

6.3.1 化腐朽为神奇的策略

团队有效激励的主要方法包括以下几种。

1. 物质激励和精神激励结合法

物质激励是指通过物质刺激的手段激发员工工作的积极性。它的主要表现形式有正激励和负激励两种。正激励如发放工资、奖金、津贴、福利等，而负激励则有罚款等方式。

物质需要是人类的第一需要，是人们从事一切社会活动的基本动因。所以，物质激励是激励的主要模式，也是目前团队内部普遍使用的一种激励模式。

不过，人类不但有物质上的需要，更有精神方面的需要，因此，团队必须把物质激励和精神激励结合起来才能真正调动广大员工的积极性。

精神激励即内在激励，是指精神方面的无形激励，包括：向员工授权、认可员工的工作绩效，公平、公开的晋升制度，提供学习和发展及进一步提升自己的机会，实行灵活多样的弹性工作时间制度，制订适合每个人特点的职业发展规划等。

2. 个体差别激励法

直线经理进行激励的目的是为了提高团队成员的工作积极性。影响工作积极性的主要因素包括工作性质、领导行为、个人发展、人际关系、报酬福利和工作环境等，这些因素对不同团队成员产生的影响也不同。

团队应根据自身类型和特点制定激励制度，在制定激励机制时尤其要考虑到个体差异。

例如，在年龄方面的差异。一般情况下，20~30岁的员工的自主意识比较强，对工作条件等各方面的要求比较高，其"跳槽"现象较为严重；31~45岁的员工则因为家庭等原因比较安于现状，相对而言比较稳定。

在文化区别上，有较高学历的人一般更注重自我价值的实现，他们更看重的是精神方面的满足，如工作环境、工作兴趣、工作条件等。相对而言，学历较低的人首要注重的则是基本需求的满足。

在职务区别上，管理人员和一般员工的需求也不同。管理人员更多注重自我实现、尊严需要和社交需要，而一般员工则相对"现实"，更多在意自己的收入提升空间。

直线经理在制定激励机制时，必须考虑到团队的特点和员工的个体差异，这样才能收到最好的激励效果。

3. 信任激励法

任何团队的运行都必须以人与人的基本信任做润滑剂，不然就无法正常有序地运转。信任是推动自信力爆发的催化剂，在某些情况下，员工的自信比努力更重要。

因此，信任激励是团队内的基本激励方式。上下级和同事之间的相互理解和信任能形成强大的精神力量，有助于团队之间的和谐共振，有助于团队精神和凝聚力的形成。

直线经理对员工的信任体现在相信员工的能力、依靠员工的贡献、发扬员工的主人翁精神上，体现在平等待人、尊重员工的劳动、职权和意见上，体现在"用人不疑，疑人不用"上，同时也体现在放手大胆用人上。人才只有被充分信任，才能最大限度地发挥自身的主观能动性和创造性。

4. 知识激励法

当今世界日趋信息化、数字化、网络化，知识更新的速度不断加快，管理者与员工群体中存在的知识结构不合理和知识老化现象也日益突出。

为了利用知识做好激励，直线经理应在实践中不断丰富和积累自身的知识；另一方面也要不断加强学习，树立"终身教育"的思想，变"一时一地"的学习为"随时随地"的学习。

针对团队员工，管理者可以向他们提供有利条件，促使他们不断提高自己的思想品德素质、科学文化素质、社会活动素质、审美素质和心理素质，使其成为复合型人才，从而适应团队对人才素质的要求。在此过程中，他们体会到知识的价值和作用，也就能得到充分的激励。

5. 情感激励法

情感是影响人们行为最直接的因素之一。按照心理学的解释，人的情感可分为利他主义情感、好胜情感、享乐主义情感等类型。这要求直线经理多关心员工的生活，在满足员工物质需要的同时，更要关心他们的精神生活和心理健康。

直线经理对员工事业上的挫折、感情上的波折、家庭中的裂痕等各种"疑难病症"要给予及时"治疗"和疏导，以建立起正常、良好、健康的人际关系，从而营造出一种相互信任、相互关心、相互体谅、相互支持、互敬互爱、团结融洽的团队氛围，切实增强员工的生存能力和合作精神，增强员工对团队的归属感。

6. 目标激励法

所谓目标激励，就是确定适当的目标，激发员工的动机和行为，达到调动其积极性的目的。目标作为一种诱因，具有引发、导向和激励的作用。当员工不断启动对高目标的追求时，就更容易启动奋发向上的内在动力。

在目标激励的过程中，管理者要学会引导员工正确处理集体目标与个人目标、个体目标与团队目标、理想与现实、原则性与灵活性之间的关系。尤其在目标考核和评价时，直线经理要按照德、能、勤、绩的标准对员工进行全面综合的考查，定性、定量、定级，做到"刚性"规范，奖罚分明。

6.3.2 善于培训和激励

1. 赞美部下

人人都有喜欢被夸奖、被认可的心理倾向。当直线经理发现部下的优点时，要不吝惜肯定性的评价，这样会使部下深受鼓舞，从而下决心干好工作。

比如，销售经理对业务员说："最近你干得不错，能在市场疲软、交通不便、竞争对手频繁出手的情况下，使销售额连续三个月保持发展势头，难得呀！现在我们遇到一个大问题，公司想来想去，认为只有你能担当这个大任……"

2. 诱导部下

人在固执时，思想上会产生阻力而不愿努力。此时，直线经理为了调动员工的积极性，应该主动帮他们放松紧张情绪，引导他们正视问题并寻找解决的方法。

3. 点醒下属

思维敏捷的下属，一般自尊心都很强。直线经理在调动其积极性时，切忌语言偏激，应该旁敲侧击，点到为止。

麦当劳某任总裁习惯对分店进行突击检查，目的是发现并及时解决一线经营中出现的问题。有一次，他在检查某家分店时，发现该店管理松散、效率低下，原因是该店店长习惯待在办公室里，坐在高靠背椅上，通过开会的方式进行遥控指挥。

该总裁对经理轻描淡写地说："希望你把椅背锯掉。"经理很快就明白了罗杰的意思，便仿效他的"走动管理"。很快，该店的效率提高了，效益明显增强。

4. 退而求之

有的部下自我意识很强，甚至有些以自我为中心。直线经理要想调动他们的积极性，可以先退一步，让他们先发表对工作的看法；通过引导他们主动谈话或行动，在其缺陷充分暴露后，再提出要求。

5. 刺痛部下

有些部下做事效率不佳，缺乏紧张感。直线经理在调动这些部下的积极性时，就要重拳出击，向他们严厉指出问题的紧迫性，用现实将其唤醒。

案例：正向激励留人 VS 负向激励留人

在团队管理中，奖与罚都是激励的方式。其中，奖称为"正向激励"，即对好的行为给予积极的、正面的回馈，以刺激成员继续好的行为；罚称为"负向激励"，即对不好的行为给予负面的回馈，以降低不良行为再次发生的可能性。正向激励和负向激励的主要形式如表 6.3-1 所示。

表 6.3-1 正向激励和负向激励的主要形式

形式	正向激励	负向激励
物质和货币形式	发放物品、发放奖金、加薪、改善工作环境	罚款、扣工资、降薪
精神和非货币形式	精神关怀、荣誉表彰、安排培训、目标和理想	调任、免职、解雇

在管理中，直线经理应尽可能多地使用正向激励，尽可能少地使用负向激励：将惩罚看作管理的最后方式，万不得已才使用。同时，管理者还应明确，惩罚的目的并不是"树威"，而是为了收获好的结果。

一代教育家陶行知先生对学生的管理方法能给直线经理以启示。

有一天，陶行知先生在校园里看到一个名叫王友的同学正在用泥块砸自己班的同学。为了让这个淘气的孩子改掉坏习惯，陶行知先生要求他放学后到校长办公室来。

放学后，陶先生刚回到校长室，就看到王友同学已经等在门口准备挨训了。刚一见面，陶老就掏出一块糖送给他，说："这是奖给你的，因为你按时到来，而我却迟到了。"

小王友大感不解，懵懂地接过糖果。随后，陶先生又掏出了第二块糖果，放到他的手里说："这块糖也是奖给你的，因为当我让你停止打人时，你立即就住手了，这说明你很尊重我，我应该奖励你。"

小王友感到惊讶了，眼睛瞪得圆圆的。陶先生又掏出第三块糖塞到他手里，说："我后来知道了，你用泥块砸那个男生是因为他不守游戏规则，欺负女生；你砸他，说明你正直、善良，勇于跟坏现象做斗争，我应该奖励你。"

小王友感动极了,他流下眼泪,后悔地说:"陶……陶校长,你打我两下吧。我错了,我砸的不是坏人,而是自己的同学呀……"

陶老满意地点头笑了,他随即掏出第四块糖递过去,说:"为你正确地认识错误,我再奖给你一块糖。可惜我只有这一块了,我的糖用完了,我们的谈话也该结束了。"小王友开心地笑了。

6.3.3 如何激励新员工

有不少管理者这样抱怨:"真搞不懂现在的员工,我对他们已经够忍让的了!对他们好也不是,不好也不是!他们的要求一箩筐,但做起事来却懒懒散散。到底我要怎么做,他们才满意?""这几个新来的小孩(年轻员工)真是太笨了,都手把手地教了多少次了,还是会犯错,真想把他们辞退"……

在企业中,基层管理者对员工的抱怨并不会比员工抱怨企业更少。除了"上班总迟到""办事拖拖拉拉""写文档不细致,存在别字、错字、格式的失误",还包括"自作主张、不主动汇报""多次犯同样的错误"等内容。尤其是上任不久的直线经理,更喜欢数落新员工的种种不是。

然而,笔者在和直线经理谈话时,他们又会对此表现出各种不解。他们说,明明招聘面试时,自己和新员工很谈得来,但是真正工作中的合作却处处不顺心。这究竟是什么原因?更令人不平的是,对自己的批评,员工总是有各种理由辩解,如"公司太远""时间太紧迫""客户要求太苛刻"等,不一而足。自然,这样的解释难以消除管理者的烦恼,反而会加深他们的不解。

其实,新员工的激励并非易事。如果作为基层管理者的你在管理新员工的过程中也遇到类似的情况,那么,你就应该反省一下自己的管理方式,看看问题究竟出在哪里。

尤其在员工犯错时,管理者不应抱着"朽木不可雕"的嘲讽态度,而要秉持"玉不琢不成器"的教海之心。这是因为企业内激励问题的根源大都不在员工,而在管理者。如果管理者不从自身找原因,而是一味地责怪员工,即便严惩、开除，也解决不了激励问题。

不妨看看下面的案例，面对以下情况时，你会以什么样的方式来处理？

李莉担任办公室文秘一职，有一次领导让她准备一份报告，因为一时疏忽，她将一个基础数据写错了。由于许多数据都是以此为依据计算的，所以最后的统计结果出现重大差错。

结果可想而知，集团总部把公司的总经理和人力资源总监都狠狠地批评了一通。事后，总经理把李莉叫到办公室。让人意想不到的是，他没有对李莉大发雷霆，而是先给她倒了一杯咖啡，然后让她把收集数据的经过详细复述一遍。

总经理听完后，沉思良久，看着李莉，微笑着说道："其实每个人都有可能犯错，你是第一次写这类报告，出现错误在所难免。问题是你的上级并没有仔细检查，想当然地认为你第一次就能做得完美无缺。现在想想都觉得我犯的错误太低级了。"

李莉对总经理的此番话不很明白，于是问道："总经理，明明是我的错，怎么说是你的错误呢？"

总经理语重心长地说道："小姑娘，你是一个很有潜力的人，有一天你做了管理者时，你要记住，没有不好的下属，只有不会管好下属的上司。"

总经理以宽容的心态去面对初犯错的下属，并给了其极大的鼓励。这不但让下属避免了犯同类错误的可能，还能帮助她在工作中快速地成长起来。

所以，当基层管理者想要抱怨自己的员工时，不妨先找找自身错误所在。实际上，任何部门的员工出现问题，或多或少都有部门经理的责任，而不能将所有责任都推到员工身上。

因此，对待犯错误的员工要采取合适的方法，既不能置之不理，更不能草率行事，以免给企业造成损失。在处理员工犯错时，主管要避免情绪化，不要扩大批评范围，而是直接针对问题提出解决方法，确保员工能够学习和接受。

6.3.4 如何激励老员工

老员工为企业做出过不可磨灭的贡献，但少数老员工思想保守，不肯接受新生事物，与新员工相比，更显得他们思维僵化、固执己见。显然，在当下这样充满竞争的社会，追求与时俱进、不断发展的企业，不能完全由这样的"老员工"组成。

然而，对老员工如何加以激励，也让企业管理者感到棘手。这些老员工自身又缺乏危机意识，不思进取，无法提供相应的业绩。

管理者如何应对这些不思进取的老员工，确实需要加以明确。如何通过激励手段调动老员工的工作积极性和进取心，进一步提高工作效率，是每个直线经理需要考虑的问题。

1. 了解老员工的特点

直线经理应该从老员工的特点着手，设计激励方法。一般而言，老员工在开始不思进取时，都会表现出显著的共同特点，例如，很容易满足于现状、不主动接受新事物、不愿意学习新知识，也不紧跟社会潮流，思想和技术僵化不前。他们的人生追求往往停留在已经实现的成就上。

2. 设置适当的目标

设置适当的目标，激发人的动机，达到调动人的积极性的目的，称为目标激励。在心理学上，目标通常被称为"诱因"，即能够满足人的需要的外在物。个体对目标看得越重要，实现的概率越大。因此，为老员工设置的目标要合理可行。

3. 合理划分阶段性目标

目标分为总目标与阶段性目标。总目标使人有工作的方向感，但也会使人感觉遥远、渺茫，影响人的积极性。直线经理可以根据老员工的特点，将总目标分成若干个阶段性目标，通过实现阶段性目标来提高老员工的积极性，让老员工觉得总目标是可以实现的。通过阶段性目标到总目标的跨越，使老员工感受到计划的可行性与合理性。

6.3.5 鲶鱼效应

挪威人喜欢吃沙丁鱼，尤其是活的沙丁鱼。市场上活鱼的价格要比死鱼高许多，因此，渔民总是千方百计地想办法让沙丁鱼活着回到渔港。

虽然经过种种努力，可是绝大部分沙丁鱼还是会在中途死亡。但有一条渔船总能让大部分沙丁鱼活着回到渔港。船长严格保守着秘密。直到船长去世，谜底才揭开。

原来，船长在装满沙丁鱼的鱼槽里放进了一条以鱼为主要食物的鲶鱼。鲶鱼进入鱼槽后，由于环境陌生，便四处游动。沙丁鱼见了鲶鱼，十分紧张，左冲右突，四处躲避，加速游动。这样，沙丁鱼缺氧的问题就迎刃而解了，一条条沙丁鱼欢蹦乱跳地回到了渔港。

以上是著名的"鲶鱼效应"。受其启发，越来越多的直线经理把引进"鲶鱼型人才"作为激发员工活力的有效措施之一。

一方面，为了不断补充团队的新鲜血液，直线经理将那些富有朝气、思维敏捷的年轻生力军引入职工队伍甚至管理层中，以向少数故步自封、因循守旧的老员工施加竞争压力，唤起"沙丁鱼们"的生存意识和竞争求胜之心。

另一方面，不断引进新的人才，也能带来新技术、新工艺、新设备、新管理观念，让部门和团队在市场大潮中搏击风浪，增强生存能力和适应能力。

有一次，本田对欧美企业进行考察，发现许多欧美企业的人员基本上由三种类型组成：一是不可缺少的干才，约占二成；二是以公司为家的勤劳人才，约占六成；三是终日东游西荡、拖企业后腿的无用之人，占二成。

反观本公司的人员中，缺乏进取心和敬业精神的人员也许还要多些。本田思考：如何让前两种人员增多，而使第三种人减少，让团队更具有敬业精神呢？

本田原本想对第三种类型的人员实行完全淘汰。但是，一方面顾虑到工会方面的压力，另一方面，这种做法也会使企业蒙受损失。因为这些员工并非不能完成工作，只是与公司的发展要求有差距。如果全部淘汰，显然也浪费了培训成果。

后来，受到"鲶鱼效应"的启发，本田决定进行人事方面的改革。改革首先从销售部入手。这是因为销售部经理的观念与公司的精神相距太远，而且他的守旧思想已经严重影响了部门的下属。

本田决定，必须找一条"鲶鱼"来，尽早打破销售部只会维持现状的沉闷气氛。经过周密计划和不断努力，本田终于把松和公司销售部副经理、年仅35岁的武太郎挖了过来。

武太郎接任本田公司销售部经理职务后，凭借自己丰富的市场营销经验、过人的学识以及惊人的毅力和工作热情，受到销售部全体员工的好评。之后员工们的工作热情被极大地调动起来，活力大为增强。

公司的销售出现了转机，月销售额直线上升，公司在欧美市场的知名度也不断提高。本田对武太郎上任以来的工作非常满意。这不仅是因为他的工作表现，还因为销售部作为企业的龙头部门带动了其他部门经理人员的工作热情和活力。

从此，本田公司每年都会重点从外部"中途聘用"一些精干、思维敏捷、30岁左右的生力军，有时甚至聘请常务董事一级的"大鲶鱼"。这样一来，公司上下的"沙丁鱼"都有了触电般的感觉，带来的结果是公司的业绩蒸蒸日上。

从马斯洛的需求层次理论来说，人到了一定境界，其努力工作的目的就不再仅仅是为了物质，更多的是为了尊严，为了自我实现的内心满足。所以，当把"鲶鱼"放到一个老团队里时，那些已经变得有点懒散的老成员，迫于对个人能力的证明和对尊严的追求，不得不再次努力工作，以免被新来的队员在业绩上超过自己。

同样，对于那些在能力上刚刚满足团队要求的队员来说，"鲶鱼"的进入将使他们面对更大的压力。稍有不慎，他们就有可能被清出团队。因此，为了继续留在团队，他们也会比原先更用功、更努力。

6.3.6　什么情况下要认可员工

人人都喜欢被认可与称赞。直线经理如果能够对表现好的员工给予赞美、肯定，员工的士气必定大增。认可是一种非常廉价而有效的管理方法，但令人遗憾的是，这种激励方式被很多人忽略了。

有一个促销员出色地完成了任务后，兴高采烈地对经理说："我这个月的销售额比预期的多 20%，这是我迄今以来做得最好的一个月。"

但是这位经理对自己下属的优秀业绩反应却很冷淡："是吗？你今天上班可是迟到了啊。近期有好几次了，我可是一直没说你。"

员工本来很开心，没想到却"中枪"了。他忙解释说："二环路上堵车了。"此时经理严厉地说："迟到还找理由，都像你这样，我们店里怎么做生意！"员工垂头丧气地说："那我以后注意。"

一脸沮丧的员工有气无力地离开了经理办公室。

在这个例子中，员工取得了不错的业绩、主动寻求经理激励时，反而因为迟到之事被训斥。可想而知，该员工原本积极的工作情绪受到了很大挫伤。

实际上，表扬激励并不困难。比如话语的认可、表情的传递、拍拍员工的肩膀、写张简短的感谢纸条等都可以满足员工被重视、被认可的需求，从而产生激励的效果。

一旦管理者拒绝给员工赞美和肯定，就错失了维持员工热情的机会和使其持续创造佳绩的动力。

6.4 留人措施

在新技术驱动下高速发展的时代，企业只有具备充分的前瞻性，才能留住人心。

企业要根据周期理论，提前预测一年后、两年后甚至三年后企业所处的阶段,分析届时对人才的需求,包括有多少高管职位、有多少中层管理人员的需求,再准备对应的留人措施。

6.4.1 不同阶段的留人措施

表 6.4-1 所示是企业在不同发展阶段所应采取的留人措施。

表 6.4-1 企业在不同发展阶段所应采取的留人措施

阶段	措施	时间限制
引入阶段	使员工尽快适应环境、熟悉同事	一周之内
成长阶段	肯定其工作，适当安排培训	三个月内
饱和阶段	给予适度的训练、调岗、晋升	三年内
衰落阶段	增加福利和岗位教练	三年以上至长期

个体有生老病死的生命周期；企业也有创立、发展、壮大甚至衰亡这样的生命周期。无论是企业还是企业内部团队，都有发展的各个阶段,其中包括成立、动荡、稳定、高效、转变等阶段。

1.成立期：员工能力低，对直线经理权威有依赖

团队刚组建，成员的士气高昂，对自己、对公司的未来充满了希望，每位成员在新团队都表现得那么热切、那么投入，团队成员之间沟通顺畅。然而，由于都是新员工，没有经过培训，他们的工作能力很低，在工作中表现出对管理者权力的依赖。

在该阶段，员工往往感觉不到有什么问题要解决，心理层面也没有很好的目标，对工作的标准不明确。他们更希望在工作中对情况加以了解，再确定发展目标。

此时，直线经理要通过召开会议、小组会来创造与员工沟通的机会与场合，为团队设定发展目标、设置员工技能培训计划，提升成员各方面的能力。最终制定团队的各项规则，帮助他们接受新的挑战。

2.动荡期：期望与现实差距大，员工士气低

团队发展的第二个阶段是动荡期。此时，团队成员发现原来的期望与现实之间存在很大差距，对眼前的现实感到不满。由此，他们中的某些人的士气开始低落，甚至有人难以坚持下去，团队成员开始流失。

留下来的团队成员之间开始争夺职位和权力，团队中有"小团体"出现。新员工对领导形成的依赖逐渐发生变化，领导者的威信开始下降。

这个阶段的明显特征在于员工对团队的现状抱着听之任之的消极态度，认为这是"大浪淘沙"的过程。此时，团队成员感到迷茫而无法战胜困难，这很大程度源于其能力不足。

面对这些问题，直线经理要积极把控全局，确立与维护规则，与团队成员共同讨论，鼓励大家就有争议的问题发表自己的看法，建立"游戏规则"。

为此，管理者应该对积极现象给予表扬和肯定，对团队中出现的消极、不利情况及时给予纠正，使团队形成良好的文化氛围，与团队成员建立共同目标。

除此之外，管理者还应引导团队成员正确认识个体的性格差异，并利用差异有意识地培养团队的各种角色，尽快提高团队成员的工作能力。

3. 稳定期：团队冲突和派系出现

稳定期是团队发展的第三个阶段。此时，团队内的成员基本稳定，成员个人也具备了一定的工作能力，开始为公司创造效益。然而，团队内部的冲突和派系开始出现，且直线经理对团队中的派系表现出倾向性。由于团队成员的工作能力开始显现，所以直线经理得以将主要精力从关注团队成员转移到督促团队成员创造工作业绩上，而直线经理自身的缺点也开始暴露。

稳定期的直线经理很容易认为，既然部门步入正轨，就应该只抓业务，由此容易放松对人的管理。相比之下，正确的做法应该是由直线经理树立良好的个人形象，督促团队成员学习良好的沟通方式，消除团队中的"不谐之音"，尽可能多地授权给团队成员，并以此正确激励不同的团队成员。

4. 高效期：直线经理自满情绪蔓延

高效期是团队的黄金时期。此时，团队成员能够完全胜任自己的工作，士气空前高昂，大家对团队的未来充满了信心；团队成员之间关系和谐，派系观念淡化甚至基本消除，团队成员之间开始紧密合作；团队成员的个人能力也达到期望；团队成员能主动为领导分担工作，团队出现巅峰时期的特征。

此时，直线经理看到了欣欣向荣的景象，很容易骄傲自满，认为团队已经没有任何问题了。其实，直线经理此时更应该与团队成员共同研究制定更高、更具挑战性的目标，使团队成员看到新的希望，感觉有奔头。

直线经理还应设法留住优秀员工，帮助其制订个人发展计划，鼓励员工发展，对成员的工作成绩给予积极肯定，兑现承诺，及时发现"高产期"表面下的矛盾与问题。

5. 转变期：团队缺乏共同目标

第 5 个阶段是转变期，此时团队业绩下滑，看起来似乎没有多少发展空间。同时，这个阶段开始有成员认为自己的工作业绩得不到及时的肯定，他们不满足于目前的处境，想得到更高的回报。

由于这样的变化，团队的共同目标开始模糊，成员之间在利益层次上的矛盾增多。有些团队成员的个人发展速度远超团队的发展速度，团队领导不再关心团队成员。

如果直线经理此时不能从自身找出问题，不能正确看待现实、客观分析问题，就会怨天尤人、陷入困局。此时，直线经理急需重新制定新的团队目标，调整团队的结构和工作程序，消除积弊。

6.4.2　你的团队处于哪个阶段

根据图 6.4-1，确认你的团队处在哪个阶段。

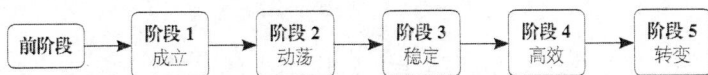

图 6.4-1　团队所处的不同阶段

不同阶段的团队会表现出不同的特征，如图 6.4-2 所示。在前 4 个阶段中，成立、动荡、稳定、高效等特征揭示和解决了团队发展中遇到的问题，使团队的业绩逐渐从低谷走向巅峰。而在巅峰之后，团队的业绩开始走下坡路，这往往是大势所趋。如不及时调整，团队将进入低谷；如能及时调整，团队将迎来新的增长机遇。

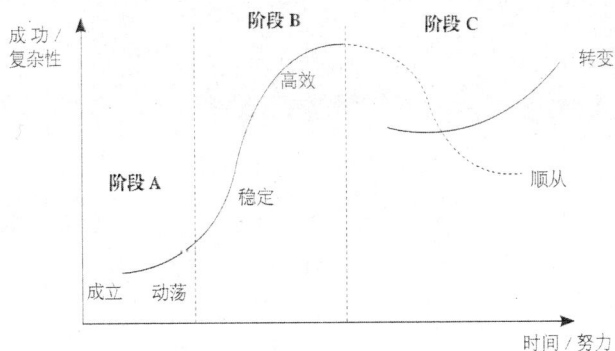

图 6.4-2　阶段发展特征示意

在知识型社会，企业最重要的资产是人才。找到了合适的人才，企业接下来就要考虑如何留住人才。

首先，要为人才建立职业发展通道，其目的有两个，一是留住人才，二是挖掘人才。简单而言，就是通过内部晋升的方式充分发现人才，而不仅仅依靠"空降兵"。

通常来说，当某个关键岗位出现人才空缺时，公司可以采取内部晋升的方式选拔那些已经熟悉企业文化、认可企业的价值观并具备了相应能力的员工。

160多年来，宝洁公司成功的重要秘诀就是从内部提拔员工。在宝洁公司，绝大多数高级员工都是从内部提升的。

宝洁之所以很少请猎头公司，而是坚持内部培养、提拔人才的传统，是基于以下原因。

首先，宝洁相信自己招聘的质量，相信公司内部是有大量人才的；其次，宝洁希望每个员工都能看到自己的上升空间，而不要一有职位空缺就由"空降兵"顶上。

宝洁的成功经验说明，内部成长起来的员工往往对企业更忠诚、更认同。那些"空降兵"的管理风格、思维方式等与本企业往往需要一段较长时间的磨合，一旦不能融入企业的整体氛围就可能离职，这就加大了人力风险和成本。与此相比，从企业内部培养提拔，不仅可以保持、延续企业的阶段性特点，还能有效激励其他内部员工。

第 3 篇：提升篇
非人力资源管理的转型升级

　　年薪百万的职业经理人，需要在非人力资源管理职位上完成人力资源管理与转型的升级工作，包括制定人力资源战略，熟悉企业的战略目标和年度目标，很好地协助部门员工精通业务、达成目标，在每一项涉及人力资源管理的业务上给出独到的见解和专业的意见。同时，他们还要懂得数据，掌握并能系统分析数据，找出数据之间的内在联系，并运用于人力资源管理的"选、育、用、留"上。

第 7 章

新时代非人力资源管理的进化方法论

社会的发展日新月异，变化才是永恒不变的真理。近年来，互联网的飞速发展已经对人们的生活方式、思维方式、工作方式乃至企业的经营方式产生了深刻影响，带来了巨大改变。在新时代背景下，直线经理不能再继续套用工业时代的管理方法和用人理念去工作，"穿新鞋走老路"的做法不可取。

7.1 传统人力资源管理的挑战

新时代中，当"80后"晋升管理层、"90后"员工成为团队主力时，人力资源管理的新问题也出现了。

下面这些问题，值得人们深思。

"90后"的离职原因常常很随意，难道仅仅只是因为钱？

留下来的员工，是否就真的忠诚了？很可能你留下的只是"人"，而不是"人才"；

员工总是不满意薪酬福利，分配难度比想象的还要大；

留不住核心员工，被抛弃的感觉真的很痛；

员工总是把问题甩给自己，直线经理永远在"救火"。

传统的人力资源管理用在新生代员工身上为什么会显得过时？那些让直线经理头疼的问题，应该怎么解决呢？

7.1.1 传统人力资源管理过时了

面对"90后"新生代员工时，直线经理必须承认，传统的人力资源管理方法已经过时了。

最显著的改变是，"90后"员工明确拒绝"口号式"管理。

小赵原先在一家大型国企工作多年，拥有丰富的管理经验。

半年前，他跳槽到一家互联网企业担任业务经理。此公司虽然成立时间不长，但发展迅速，前景很好。由于公司发展太快，一直在扩张，业务量也不断增加，管理水平显得跟不上公司的发展。领导希望小赵能对业务部门进行规范管理，营造良好的工作氛围，提高团队的凝聚力。

小赵做了很多努力，常将"合作""创新"等理念挂在嘴边，并在大会、小会、内部论坛、内部微信群里强调。然而，这些努力最后都变成了他的独角戏，就连他在群里聊个天，都成了"尬聊"，常常冷场。

后来，一位技术人员的离职让他受到了深深的打击。对方虽然是一名"90后"，但确实是部门的业务骨干。在离职谈话时，对方说出的理由是："领导天天搞这些表面化的陈词滥调，好土啊！"

小赵相当郁闷，想不到自己一腔热血想把团队建设好，但在员工看来竟然是"土"。年轻人怎么就这么不服管呢？

小赵的经历，许多直线经理都有切身体会。

传统的人力资源管理方法为什么对"90后"员工不管用了呢？因为"90后"变了！

"90后"员工注重实效，不喜欢口号。过去领导可以给员工"画饼"，但"90后"员工不吃这一套，他们只关注实实在在的好处。

"90后"员工崇尚发展自我、展现自我、成就自我。他们不盲目使用教条，渴望标新立异；反感千篇一律，主张个性独立。

"90后"员工不喜欢上纲上线，不喜欢严肃、平庸和脸谱化。

"90后"员工追求自由平等，他们没有等级观念，也特别反感企业里的层级关系。他们反感管理者用职位压人，主张平等的沟通和合作。

结合上述事实，直线经理不妨认真反思，并非"90后"员工难管，而是其诉求变了。如果你依然使用旧的管理方式，就很容易与现实脱节。

"90后"出生于新时代，是随着经济腾飞长大的一代，现实经济压力不大是这代人的常态。相比之下，"90后"员工很容易拥有崇高的理想，渴望自我实现，对工作的主要看法是为了实现理想、展现个人价值、满足个人兴趣。

面对这种情况，以传统管理方式来培养员工对组织的认同感，收效甚微。唯一有效的管理就是满足员工的需求。为此，直线经理不妨尝试改变过去传统的管理方法，让人力资源管理跟上时代的变化。

1. 发自内心地尊重员工，肯定他们的需求

尊重员工的工作习惯，肯定他们的需求。

例如，到了下班时间，即便需要开一些不重要的会议，也不应强迫员工参加，因为有的人不介意，但有的人却不喜欢公司过多占用自己的休息时间。

2. 不要灌输思想

有些直线经理喜欢口号式的表达方式，但如果内容不符合实际情况，员工自然会比较排斥。

3. 少一点虚伪，多一点真诚

一些基层管理者过去总喜欢谈牺牲小我、感恩公司，现在的员工对这样的口号可不买账。要想提高员工的积极性，就应制定人性化的激励策略，让员工感受到自身的价值。想要员工热爱企业，就要用心打造友好、轻松、相对自由的工作氛围。

4. 发现员工的优点，让其找到最适合自己的职业发展道路

"90后"员工特别注重自我价值的实现，直线经理可以适当给他们安排一些有挑战性的工作。如果他们感到能在团队中学到东西、当前的工作符合自己的职业发展规划，不需要别人过多干预，他们也能做得很好。

5. 直线经理提出批评时要有的放矢、有事说事，越具体越好

直线经理批评"90 后"员工时，一定要有针对性，应直接、具体。

7.1.2　传统的招聘不管用了

这是一个"人才打劫"的时代，得人才者得天下。连雷军都说"要把 80% 的时间花在找人上"，基层管理者更应该重视招聘。

新技术的运用正在让招聘模式发生颠覆性的变化，具体表现在以下几个方面。

1. 大数据运用于招聘

大数据驱动招聘是一种显著的趋势，直线经理可以通过新技术和专业平台获取大量数据，建立更庞大、更全面、更准确的招聘人才数据库。

2. 人工智能影响招聘

人工智能逐渐进入了人力资源领域。例如，IBM Watson（IBM 人工智能系统）已经开始研究候选人的个性。当候选人给机器人发送信息，机器人会在几秒钟之内给你一个完整的候选人性格报告。这项技术运用人工智能分析文本，进而得出候选人的个性特点。

3. 游戏化招聘

很多大企业开始尝试游戏化招聘。例如，西门子工业推出的"植物维尔"就是一款招聘游戏。该游戏的所有操作都是在模拟工厂经理的体验。玩家必须维持工厂的运营，同时努力提高生产力，优胖者会被优先录取。

4. 视频面试

越来越多的人力资源经理开始利用低成本的视频工具（微信或 QQ）进行远距离面试，另外还有虚拟办公室和视频介绍公司等。这种方式不仅可以降低成本，还可以促成分享。

7.1.3　新生代员工薪酬福利该怎么调查

直线经理作为调薪工作中的重要角色之一，在整个过程中略显尴尬。一方面，直线经理是制度的守护者与执行者，在整个调薪过程中的行动备受员工关注；另一方面，在诸多企业中，直线经理在调薪过程中往往只是一个签字的人，有些企业的直线经理连说"不"的权力都没有。

面对无奈的现实，部分直线经理可能会认为，调薪工作只是走过场，自己配合就好了。如果真的持有这个观点，那就大错特错了。对于直线经理来说，薪酬福利是为了利于团队管理，创造更高的效益。直线经理应积极参与员工薪酬福利的管理，要拿出真正的方法。

直线经理必须清楚下列事实。

1. 并不是所有的人都在乎钱

"90后"员工经常会做出一些让人感到"匪夷所思"的事情，工作可以说辞就辞，不用进行多少比较和考虑。薪酬待遇、上司监督、人际关系、工作环境在"90后"员工的眼中同等重要，任何一个条件没有被满足，"90后"员工就很容易产生不满情绪。

调薪对留住这样的人才而言，作用并不明显。要留住"90后"的优秀员工，直线经理还得使用不同的激励手段，去满足他们金钱之外的需求。

2. 礼轻情意重的福利很重要

很多互联网企业都很关注"礼轻情意重"的贴心福利和人性化的关怀措施。这会让员工感到很舒心。

此外，直线经理在调薪时要注意以下几点。

调薪过程中把握好节奏感与分寸感，调薪就成功了一半；

并不是所有员工都在乎钱，调薪只是留下核心员工的一种手段，而不是唯一手段；

不要忽略小福利的力量,一次出色的调薪也包含了福利的调整,要让员工感受到企业在用心关怀他们。

7.2　传统人力资源管理的误区

向领导推荐各种人力资源管理工具,在各种 HR 交流群里求工具表格,模仿大平台推行薪酬激励……这是让 HR 们感觉枯燥无味的日常工作,也是直线经理们的困惑。

HR 委屈:没人理解我的工作。

员工抱怨:HR 和领导站在一条战线上。

领导不满:HR 看似干了很多活,却什么业绩都没有。

HR 本应成为领导的"传声筒"、员工的"代言人",最后却成了"夹心饼干",两头讨嫌。

问题究竟出在哪里呢?

7.2.1　那些年 HR 盲从过的工具

数不清的表格、学不完的工具——这是大多数 HR 或直线经理在成长道路上要面对的情况。

很多人力资源经理或直线经理过于盲目相信工具。在他们眼中,工具就是战胜管理过程中各种困难的"法宝"。这些人在工作进展得不顺利时,首先想到的是工具不够好,其次想的是,要是能有个新玩意儿替代旧的体系就好了。

于是,为了显示人力资源管理的专业性,有人在网上列出了自己掌握的一大堆工具，包括：九宫格性格评估，IQ（智商）和 EQ（情商）及领导力测试，综合素质雷达图分析，价值观匹配度体系剖析；KPI（关键绩效指标）考核、360 度考核和平衡计分卡应用，行为指标和任务指标的权重比例分解，分解应用和强制排名，OKR（目标与关键成果）的组织绩效和个人绩效分解，目标管理调整等。

学会了这么多工具的人，就一定能具备专业性吗？如果不能，又有几个外行人会使用这些工具呢？

在面对人力资源管理时，部分 HR 和直线经理存在着通病，他们总在琢磨"工具替换"的问题：今天 KPI（Key Performance）绩效考核用得不好了，就考虑是不是可以换 OKR（目标与关键成果法，Objectives and Key Resules），仿佛换个工具就能解决所有问题。

人们忽略的事实是，倘若管理环境不好或 HR 管理水平不够，抑或是基础工作不扎实，换尽所有，工具效果依然不会好。

过于迷恋工具是错误的工作态度。工具只是人力资源管理的一种辅助手段，而不是人力资源管理的全部。

HR 过度盲从使用工具会带来哪些后果呢？

1. 忽略 HR 工作中的一些核心要点

HR 做的是管理"人"的工作，机械地推行工具会忽略管理工作与人性特点的结合，一旦工作做得不够细致，就容易出现各种问题。

以 KPI 为例，很多企业的业绩不好，责任明明在中高层管理者，如外部资源拓展得不好或是对基层员工支持不够，但是 HR 在实施 KPI 时没有意识到这一点，只是盲目地把指标下达给中高层。结果，中高层管理者在制定 KPI 时忽视了自身的责任，只是把指标往下压。最后除了换来员工的抱怨之外，什么都改变不了。

因为根本性的问题没有得到解决，所以企业绩效不可能有任何改善。

2. 导致自身能力的退化

有人说，人力资源管理工作门槛很低。其实恰恰相反，人力资源管理对 HR 的要求很高，考验着 HR 识人、用人以及与人沟通的能力。

当直线经理过度使用工具时，头脑中就容易出现许多条条框框，久而久之，灵活解决问题的能力就会退化。说到底，管理是为经营服务的。再好的工具，如果不符合团队的自身情况，不具备适用性，不能帮助团队提升业绩，又有什么用呢？

管理者一旦陷入"盲目使用工具"的误区，就很容易脱离人力资源管理工作的本质，成为工具的执行者。管理者应该记住，工具是为人服务的，如果"人"的工作没做好，即便你能玩转工具也没有什么意义。

7.2.2　盲从大平台综合征

相当一部分企业的部门经理患上了"盲从大平台综合征"，且看下面这些"症状"。

管理者喜欢把阿里巴巴、华为挂在嘴边，甚至全盘复制这些企业的管理制度。在推行新的管理制度时，只要搬出这些大平台，顿时就有了底气，诸如"阿里巴巴都用这一套"的说辞不绝于耳。

抑或认为，只要在阿里巴巴、腾讯等企业任职过的部门经理必定身价不菲，企业领导会不惜重金将其招入麾下，希望这些人能把大平台的管理经验带到本公司。

结果呢？问题并不一定能得到解决。

时刻都向外取经，盲目复制大平台的管理经验，成了一些中小企业直线经理的常用"技巧"。无奈的是，"甲之蜜糖乙之砒霜"，在模仿大平台的同时，部分中小企业却总是走在错误的道路上。

小 A 是某中型连锁零售企业的部门经理，由于企业目前存在利润缩减、基层员工离职率高等问题，小 A 的工作压力很大。领导一再给各部门施压，希望他们能够采取措施，加强绩效管理，降低员工流失率。

公司还给小 A 等中层领导报了各种培训课程，希望他们能学习到优秀企业的管理经验。

在不到两年的时间里，小 A 仔细研究了上百家企业的管理制度，并选取了自认为最适合本企业的制度进行模仿。经历了取经、尝试、失败、再取经、再尝试、再失败的几个循环后，团队的离职率达到了一个空前的高度，员工的意见很大。领导为了息事宁人，只好辞退了小 A。

辛辛苦苦从外面取经，却换来了失败，这个部门经理显然选错了努力方向。虽然只是个案，却反映了直线经理在工作中普遍存在的"盲从大平台"现象。

当然，直线经理需要向大平台、大企业学习。但学习往往是"学我者生，似我者亡"。学习大平台并没有错，错的是"只得其形，不得其神"。

具体有以下几种情形。

1. 没有考虑实际运用场景

管理只有结合实际场景才有意义。

腾讯为员工提供了极致的任职体验，流程细致又不失弹性，内部文化平等、开放又充满竞争。腾讯的绩效考核非常残酷，但它又是一家凝聚力和稳定性都很强的公司。

如此完美的管理制度，很多直线经理或 HR 马上照搬过来，却忽略了腾讯为了运营这样的体系所投入的资源（如预算、外部供应商、HR 团队规模等）是大部分公司无法比拟的，绝大多数平台并没有这样的实力。

实际运用中，这套体系同样存在非常多的负面影响，例如内部竞争过于激烈导致合作困难，过于平等、开放会制约决策效率（因为每个决策都可能遭到无数的挑战）等。

因此，倘若你所在的企业或部门自身财力不够，或是靠成本领先取胜，照搬腾讯只会让你遭遇失败。

2. 只得其形，不得其神

很多时候，直线经理在学习大平台时只套用了形式，却没有领悟形式背后的内涵。

在阿里巴巴，每年都能出现一批感动企业家的员工。

例如，在人海茫茫的杭州街头，阿里巴巴的一位女程序员走在路上时突然有了灵感，于是她不顾路人的眼光，直接坐在一个垃圾桶旁边，打开背包，拿出笔记本计算机，开始写代码。

这个故事感动了一大批企业家，他们纷纷惊呼：倘若我有一批这样的员工，那么我离成功还会远吗？

他们认为，这是阿里巴巴的企业文化和价值观在起作用，于是要求HR和其他部门经理在自家企业推广阿里巴巴的文化。HR在晨会、班会上天天强调愿景、价值观、感恩等，结果并没有换来一群有激情的员工。

原因就在于，HR只学到了形式，并没有学到内涵。企业文化不是口号，也不是强行灌输，它的背后有很多支撑。阿里巴巴的感恩文化能奏效，前提是员工对阿里巴巴的认同，而这份认同来自阿里巴巴给员工带来的利益：良好的工作环境，广阔的发展空间，高薪酬，高福利；级别6以上的员工就可以得到期权，还享有住房基金、集体婚礼等。你的企业都有这些福利吗？

3. 只见树木，不见森林

管理是一个复杂的过程，要用全局的眼光看，不仅要看到现象，更要透过现象看本质。任何片面的理解和模仿都注定失败。

谷歌的 OKR 被青睐，但是你想过吗，为什么向来不满管理教条的谷歌偏偏选择了这个管理工具呢？只有弄清楚这一点，你才能考虑企业是否适合推行 OKR。

小米的"去 KPI"很火，但是"去 KPI"真的就意味着企业制度宽松到没有任何考核了吗？

华为的"狼性管理"被无数管理者推崇，任正非把员工训哭的新闻被很多人转载，但是你看到任正非写公开信离职的员工回来吗？

管理是一门艺术，大企业采用的管理方法是经过不断更新和改进的，其中还有许多说不清道不明甚至旁人看不懂的环节和细节。如果只是简单复制，那么失败是必然的。

与大企业相比，中小企业无论是薪资、办公环境，还是企业福利、上升空间等都有不小的差距。中小企业吸引人才的重要因素实际上在于创业者对员工的情怀以及公司氛围相对轻松，没有大企业那样的条条框框。在自身实力不足的前提下，一旦企业丢掉这种优势，则很可能失去对人才的吸引力。

几乎每一家业绩较好的中小企业都有一批忠诚员工，从而形成了一种"领导背后有人跟，员工做事领导放心"的良性互动。管理者利用这样的优势，做好基层人力资源管理，比起盲目学习大企业有更大的现实意义。

7.2.3 流程制度只是"面上光"

坊间有一副对联：

目标制定，上压下，层层加码，马到成功；

目标执行，下骗上，节节掺水，水到渠成；

横批：皆大欢喜。

这副对联非常形象地描述了企业绩效管理"走形式"的现象。实际上，对直线经理来说，"走形式"并不只存在于绩效考核这一环节。

笔者曾亲眼看到过某总监签字的情景：拿起签字笔"刷刷刷"，瞬间搞定桌上堆着的厚厚一摞文件，那过程简直是行云流水、一气呵成。

笔者问："你都不看的吗？"

对方回答："这么多单子，报批单、审核表、入职单、请假单等，甚至小到员工几块钱的报销单，都需要我签字。我看得过来吗？"

"既然你都不看，为何还要签字呢？那不是多此一举吗？"

对方回答："还不是人力资源部整出来的！整天强调流程制度，结果还不是走形式，浪费时间不说，审批过程又复杂又慢，影响所有人的工作进度。"

直线经理走形式的一大表现，就体现在对各种流程制度的执行上。

公司大多数规章制度并未得到严格执行。尽管如此，管理者还是把制定各项规章制度、员工手册等当作一件很重要的工作。

招聘流程走形式。不管招聘哪类员工，管理者都严格按照流程操作。有些企业的招聘环节竟有五六轮之多，其实很多流程的实际作用并不大。

新员工培训在很多企业里也已沦为形式，实际帮助并不大。

各种审批、报销制度更是走形式，领导层次越高，要签的文件就越多。

　　越是被社会各界推崇的企业，如腾讯、京东、阿里巴巴等，其流程制度越简洁，执行起来也是雷厉风行。例如，京东公司要求所有高管必须在收到邮件后的 24 小时内做出回复；即使在飞机上，也要一下飞机立即回复，否则将被开除。相反，在一些中小企业中，流程制度往往十分复杂，执行效果却很差，甚至完全沦为走形式。

　　为什么会出现这样的情况呢？原因无外乎制度、流程无法执行，只能流于形式。很多企业在制定流程、制度时，喜欢拿别家的模板往自己身上套，但使用之后才发现，这些制度不符合自家企业的实际情况，根本没办法执行。例如，有些企业模仿联想集团的日清日结制度，但该企业是一家餐饮企业，由于员工素质参差不齐、各岗位又缺乏一个正确的执行标准，最后日清日结制度就成了走形式。

　　走形式的"重灾区"位于绩效考核中。

　　某企业采取的绩效考核方式为目标管理。年初时，各直线经理制定本部门的绩效考核方案，并责任到人。HR 认为最初交上来的目标设得太低，负责人肯定不会满意。为了让大家制定高目标，HR 费了不少口舌。最后，大家交上来一系列令人满意的数字。

　　为了保证目标的实现，HR 还组织了声势浩大的宣誓大会。各部门负责人、员工纷纷走上台，公开说出自己的目标。然而，到了年底，几乎没有一个人完成目标，有些部门的实际绩效甚至只有目标的两成。怎么办呢？为了不打击员工士气，该企业只得奖金照发。总结大会上，各部门负责人个个慷慨陈词，表示明年一定再接再厉。

　　到了第二年，又是一个相同的流程，目标依然没有达成。

　　某企业对超市导购的绩效考核是这样的：原来底薪是 3 500 元，现在改为底薪 3 000 元，另外 500 元用来做绩效奖金。如此一来，绩效管理变成了"扣钱行为"，做好了，员工不会多拿钱，做不好，员工会被扣钱。对于这样的绩效考核，员工当然会反感和抵制。

为什么绩效管理会沦为走形式呢？

一是人力资源部大包大揽，既没有做好部门间的沟通协调，也没有做好分工。

二是指标设置不合理。例如，有些指标定得过高，有些指标无法量化。还有些企业将业绩考核与道德考核混为一谈，最后根本没办法执行。

三是员工动员不够。很多时候，直线经理纯粹是站在完成任务的角度去做绩效，为了考核而考核，于是员工抵触，执行打折，最后变成走形式。

7.3   传统管理者正在被淘汰

当万物都能互联时，企业将变成什么样子呢？人与人之间的关系会变成什么样子呢？

有专家预测，未来，今天的工作者可能需要下一代教我们使用机器人，就像我们现在教父辈使用微信一样。可想而知，在此过程中，有多少管理者在这个过程中被淘汰出局。后浪已经来了，不能快速奔跑的管理者，都将成为被拍在沙滩上的"前浪"。

当然，这也是一个充满机遇的时代，管理也是不稳定的学科，因此人力资源管理的核心价值恰恰是人工智能无法取代的。未来，"通情感"而又会利用人工智能和先进技术的管理者，将变得前所未有的重要。

7.3.1   来势汹汹的人工智能

先让我们来看一下来势汹汹的人工智能：全自动化、智能化工厂如火如荼地发展；机器人餐厅、无人超市纷纷上马；网络试衣间体验越来越好，虚拟导购已开始出现……

1. 组织发展趋势

人工智能技术的发展，会促使企业业务流程和管理工作进一步智能化。这一总体趋势，表现为越来越多的企业将会在以下三方面体现出相同的变化。

首先，传统企业各部门横向联系欠缺的状态将会逐步终结，转而出现越来越多的跨职能、跨部门团队合作。

其次，企业的整体运营，将从以领导者基于经验的决策为主导，向基于数据分析并参考一线员工决策的方向转变。

最后，身为组织内个体的员工，其执行方向也必然从僵化呆板、规避风险的模式，转变为敏锐反应、追求创新并具有较强适应力的模式。

2. 人才发展趋势

随着共享经济、粉丝经济的成熟，企业对员工的界定从"拥有"转变为"使用"，加之"零工时代"的发展，企业"非人"管理者选择和任用人才的"防晒衣"已经被极大地丰富了。

3. 职位设计趋势

职位设计的心智模式即将改变。深植我们心中关于自己、别人、组织及周围世界每个层面的假设、形象和故事都会发生变化。同时，原本的工作心智模式由于深受习惯思维、定式思维、已有知识的局限，也会被看作需要变革的思考方式。

4. 招聘配置趋势

互联网病毒式传播的游击战术，将让所有同行业的人才保持联系，人们只会相互推荐有价值的企业。

5. 学习发展趋势

以岗位经验培训为例，人们更加重视在企业真实业务环境中处理变量的过程。企业内各级学员将在新的学习成长模式下，在人工智能的工具辅助下迅速上手、提升技能。

6. 员工体验趋势

员工体验趋势会改变，他们对人力资源管理的体验要求会变得更加积极、全面。无疑，这也对管理者提出了挑战。

正是这些趋势的变化，让人力资源管理工作必须与时俱进。与此同时，也有人认为，面对人工智能的冲击，很多行业可能都将不堪一击，很多岗位甚至将不复存在，特别是人力资源管理。在不少媒体上，各类文章都会发出"HR 的时代要终结了"等论点。

这些观点的主要依据是，在我国，绝大多数人力资源管理者从事的并不是那么专业的人力资源工作，做的多是"工资核算、做考勤表、缴纳社保"等事务性工作，而这些非常容易被机器取代。

这其中，还有人以"未来的招聘"为主题，对 HR 未来的前景表示深深的无望。

实际上，招聘可以说是人力资源管理者与市场接触最紧密的一项工作，在 HR 的工作中占比非常大，猎头公司都依附于这个需求生存。仅 2016 年，我国猎头市场就高达 3 000 亿元。越来越多的 HR 将招聘工作委托给猎头公司，造成自身技能的下降。

到人工智能和大数据时代，招聘会变成什么样子呢？招聘工作主要包括三个核心，分别是人才搜寻、人才评估与匹配、背景调查。

人才搜寻：社交网络、征信网络拟合模型大数据可以解决。

人才评估与匹配：人工智能与能力模型帮助解决。

背景调查：征信网络、金融数据整合解决。

在未来，招聘工作似乎可以完全自动化。这真的意味着人力资源管理者会被机器取代吗？并不尽然。

和其他工作一样，管理者的部分功能也许会被机器取代，一些业务水平较低、从事事务性工作的管理者可能会被机器取代。但业务能力出色、从事思考性工作的人力资源管理者，并不会轻易被淘汰。

例如，很多 HR 不接地气、不懂业务，本应由 HR 完成的工作实际上都由其他人代劳了。高级管理人员的招聘与洽谈都由领导和相应领域的专家完成了，HR 只完成了筛选简历、填表接待、简单了解情况等基础性工作；促进部门之间的沟通及协调矛盾，很多时候也是由高层管理人员完成了，HR 只完成了整理、记录、文档保管等边缘性工作。这些工作的确容易被机器取代。

其次，限定性的工作容易被机器取代，如大数据的整理、各种模型分析等。

但是，人力资源管理的核心价值不可能被机器取代。事实上，人力资源管理是一个高度开放、发散思维、艺术性的工作。因为人有千面，企业有千面，经营活动时刻处于变化之中，因此 HR 的核心功能恰恰是非限定性的。

数据和模型再准确也只是决策的依据，最终还是需要 HR 基于人性的层面进行更细致、更灵活、更贴切的分析和理解。这个过程是机器做不到的。

"未来的工作"不仅仅是简单地用技术代替人，相反，是让工作更"人性化"。重新设计职责，重新设计岗位，重新设计组织，这些都会让"人类这一边"的工作变得前所未有的重要和专注。

7.3.2 "互联网 +"时代带来的 HR 集体焦虑

近几年来，"互联网 +"的旋风席卷全国。这本来是个好事，却引起了HR 和部门经理们的集体焦虑。

有一个单位的运营经理入职不久就被迫辞职了。

问及原因，他说现在企业在转型，总经理要搞"互联网+"。其实在他入职前，总经理已经提过这方面的构想。当时，这位运营经理表示完全可以理解，毕竟现在传统企业转型是普遍趋势，更何况变革往往意味着机会，他心里还是有些期待的。

但是真的操作起来，他才明白了什么叫力不从心。

这样一家普通的生产和销售白酒的企业该如何转型呢？其实总经理自己心里都没底，也没有具体的思路和操作方法。于是建架构、招人、革新管理模式等工作全部落在了这位经理头上。

如何招人——在这样一个互联网运营基础为零的企业中，以这位经理过往的经验和资源，要招到能独当一面的互联网人才相当不容易。

架构如何建？旧的模式还要不要？这涉及战略层面，是一个庞大的工程。

成本如何控制？搭系统要钱，互联网人才对薪水的要求也高。

成本和产出如何平衡？这涉及财务和经营层面。

新型人才的薪水高，如何平衡他们和老员工的关系？如何避免老员工心理失衡？

种种问题压向了这位运营经理，他花费了大量的时间和精力，在做了大量努力后依然是吃力不讨好，公司上下都对他有意见。最后，他发现这份工作完全超出了他能力范围，感到压力非常大，每天都焦虑得睡不好觉，最后无奈地选择了离职。

这种情况实际上非常普遍。如今，众多传统企业都面临着艰难的转型。在企业的转型期，企业的高层管理者首先考虑的就是管理体系的构建和相关人才的配备。因此，从某种程度上讲，企业要转型，客观上要求所有的员工，特别是管理层也要随之转型。在这个过程中，企业要开发并适应全新的运营模式。这会造成所有人力资源管理者的焦虑，甚至有些人发现自己干不下去了。

随着互联网技术的深入发展，众多的传统企业都面临着转型。为什么"互联网＋"会造成 HR 和部门经理们的集体焦虑呢？

这方面的原因有很多，我们简单探讨一下。

1. 效率原因

互联网时代追求效率，传统的管理逻辑已不能适应互联网的节奏。

一家做线上购物的电商企业，工作节奏非常快，特别是换季上新时，每个部门的压力都很大。这时，倘若还用传统的管理手段来收表打分，所有部门都不会买账。在要求快速出成效的互联网时代，传统的激励手段在时间上严重滞后，能起到相应的作用吗？

这说明，互联网时代需要更灵活更高效的人力资源管理手段。

2. 人才要求不一样

过去，企业注重员工的忠诚度和可塑性，注重企业文化对员工潜移默化的影响，因此，那些知名企业（包括外企）都特别热衷于招名校毕业的"小白"来培养，因为好"调教"。但互联网时代特别讲究创新、创意和技术运用，注重人才的能力。

互联网企业要把产品做到极致，要超越客户需求，人才必须是超一流的。靠内部培养人才远远不够，一定要不惜代价去市场上挖。例如，小米研发团队从 14 人到 400 人，整个团队的平均年龄为 33 岁；几乎每个员工都来自最优秀的公司，如谷歌、微软。

7.3.3　未来三分之一的 HR 将面临淘汰

互联网思维、人工智能、大数据、组织变革……这一切来势汹汹，彻底颠覆着过去的管理思维。过去的经验显得越来越"鸡肋"，导致传统人力资源管理者备感无力，许多人在转行和被淘汰的大潮中各自寻找出路。

然而，传统人力资源管理的出路究竟在哪里呢？

按照人力资源管理的经典理论，人力资源可分为六大模块，如图7.3-1所示。

各大模块泾渭分明，分工明确。

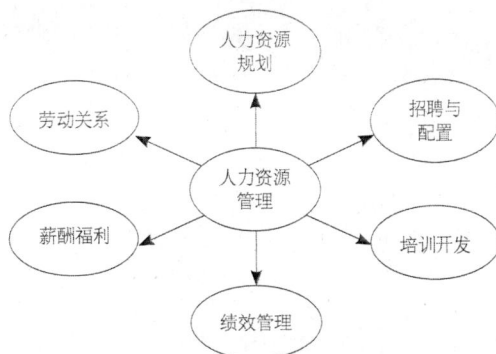

图 7.3-1　传统人力资源管理六大模块

这种管理方式在过去很长的一段时间内是可行的，但随着互联网的发展，企业对人力资源工作的要求也变得越来越高，传统的六大模块已逐渐"失灵"。HRBP（HR BUSINESS PARTNER，即人力资源业务合作伙伴）的普及，彻底打破了传统六大模块的定义。

随着六大模块的"失灵"，人力资源管理业务逐渐呈现出新的特征。

1. 定制至上

未来，关键员工将会全程参与人力资源政策、制度、流程、规范等的制定过程，人力资源从业者必须根据不同部门的需求，与关键员工一起为部门量身定制出适合本部门的相关文件。

这将出现两个积极的结果。第一，人力资源部推出的所有文件都已经经过员工们的验证；第二，公司的效率大大提高，管理的流程和理念发生巨变，而这个变化是员工驱动的。

这种转变会让那些没有用户思维、只有单一经验的管理者面临更大的挑战。

2. 玩转互联网才能赢天下

在传统企业，人力资源部视领导的指示为圭臬，要求公司上下所有员工统一按照领导的要求提交标准件。

但在互联网思维普及的年代，任何东西都会被赋予人格。员工与 HR 之间已经不是简单的服务与被服务的关系，更是彼此促进的关系。

互联网技术改变了人力资源，它一方面使得 HR 获取信息更加便利，另一方面也使 HR 被淘汰的概率大大增加。不过，互联网在增加 HR 淘汰率的同时，也为从业者指明了方向。

国外专家曾经说过，要判断一个行业是否蓬勃发展，只要看在三年之内是否淘汰了三分之一的 HR。

7.3.4　为什么三大行业的 HR 待遇高

据国内调研机构的一项数据显示，HR 职业待遇最好的行业前三甲分别是房地产、互联网和金融行业。

为什么这三大行业的 HR 待遇高呢？除了这三大行业都是增长较快的高利润行业之外，更重要的原因就是它们都是人才密集型行业。这也是未来经济发展的趋势，传统行业面临不同的困境，一些靠创新驱动的知识型企业却快速增长。

在知识型企业中，什么最值钱？答案是人才。人才越重要，人力资源管理者的工作就越重要，价值越高，自然收入也越高。

"21 世纪最贵的是人才"，这在过去只是一句空话，因为只有在第三产业发达的地方，人才才是最贵的。曾经的二线城市还是以工业为主，因此最需要的并不是高知人才，而是在招商引资和廉价劳动力运用等因素上有优势的人才。但近年来，很多二线城市相继出台政策来留住人才，这说明了形势的改变。各个城市第三产业的发展越来越快，导致对人才的需求越来越大，人才决定城市的未来。而为人才服务的人力资源管理者，自然应该拿到更高的薪酬待遇。

第 8 章

非人力资源管理大数据：
如何改变吸引、猎取、培养和留住人才的方式

　　移动互联网、大数据、人工智能等技术正将人类社会带入一个大变革时代。"互联网＋"、跨界融合、共创共享等新理念不断颠覆着人们固有的认知，重新定义了许多概念。在人力资源管理领域，人们同样面临着时代变革的挑战。

8.1 大数据将全面改写 HR 行业

得数据者得天下，过去让无数人力资源管理者兴奋和自豪的工具、表格，在大数据面前都变成了小儿科。在未来，大数据将全面渗透到人力资源管理工作的每一环节，人力资源管理将被彻底颠覆。

对于 HR 和直线经理来说，大数据是挑战，更是机会。然而，要想玩转大数据，可不那么容易。

8.1.1 工作的世界改变了

在牛顿世界观里，世界是机械的，因果相应的；世界是确定的，是一台精密的机器；关系是精准的，一切都可以计量。而量子理论则表示世界是不连续的、不确定的，也是非定域的。

牛顿世界观培养了我们的树状思维，事物的发展就像根茎叶般因果脉络有序；量子理论培养了我们的块茎思维，这里没有因果、没有中心、没有层级、没有确定，只有相关，只有连接，只有流动。在量子理论中，任何点都可以而且应该建立连接，只要相关，就应该连接。

我们以往更喜欢依据图表上连续的线条对数据做出分析和预测。这种线性的分析是小数据时代的惯性思维，其本质是牛顿世界观里物体运动惯性的反应和运用。而大数据时代，事物的发展是不确定的，数据之间的关系是非线性、非因果的，毫无联系的事物之间也可能产生关联和影响。

所以，大数据技术的世界观底层是基于量子理论的。在这种世界观中，传统的因果关系将变化为更大范围的事物背后隐藏的更深刻的新的因果关系。因此，大数据技术有助于管理者消减不确定性，带领人们朝着新的因果关系进发。

这种因果关系基于相关关系之上更宏观的和弱化了的新型因果关系。

由于大数据技术的普及，人力资源管理者开展工作的环境也改变了。大数据技术用在人力资源管理上，会出现哪些你意想不到的改变呢？

8.1.2 大数据来了，重新定义人力资源管理

大数据时代来了！最先喊出这句话的是科技大佬们。"得数据者得天下"，大概是近年来程序员们喊出的最霸气的一句话。"与数据共舞"，科学家们竟也把数据玩出了些许温情的感觉。

但是，在普通的人力资源管理者眼中，提起大数据，通常都是知道而不了解。大多数 HR 对大数据的理解仅仅停留在科普对象的水平。

然而，到了当今，如果管理者仍将大数据当作可有可无的东西，那就相当可怕了。因为大数据将彻底改变企业人力资源管理的游戏规则，未来将有大量的管理者因为大数据而丢掉饭碗。

大数据由过去的"雷声大、雨点小"到现在的越来越接地气、越来越有创意，正在全面颠覆管理方式。

全球客服呼叫中心 Transcom，由于公司人员的流动率过高，在 2012 年下半年使用大数据进行了员工行为分析。在涉及"诚实"这一品质时，员工会被问能否进行简单的快捷键操作，如复制、粘贴。如果答案是肯定的，员工将会当场被要求在键盘上进行实际操作。

结果，负责收集和分析数据的 Evolv 公司发现，在"诚实"方面得分高的员工，稳定性要高 20%~30%。与此同时，Evolv 还找出了一些其他的数据规律。基于这些数据，Transcom 改变了招聘策略，优先聘用这些有着同类型"特质"的员工。这项改变使得员工数量下降 20%，流动性也大大降低，不仅降低了招聘成本，也节省了培训新员工的成本（新员工的培训成本约为 1 500 美元 / 人）。

此外，该公司还利用大数据，找出了旗下最成功的呼叫员所具备的特点，作为招聘新员工的重要依据。这使该公司的招聘面试时间从 1 小时缩短至 12 分钟、平均呼叫时间压缩了 1 分钟、人员流失率下降了 39%。

过去，直线经理招聘凭直觉、经验、个人偏好。未来，人力资源管理工作将依靠数据，因为有了数据的支撑，将人力作为资本进行投资分析和管理就成为可能。大数据的到来，将重新定义人力资源管理工作。

8.1.3　数字技术对劳动力市场的影响

以大数据为代表的数字技术，将会对劳动力市场产生重要影响。

传统人力资源管理中，有些人过分依赖管理工具，但脱离业务谈工具，最终常常无法落地或得到南辕北辙的效果。甚至有人预测，未来很多人力资源管理工具将会被淘汰，如 KPI、BSC、九型人格等。未来，将会有更多基于大数据和移动互联的新技术出现。与传统工具相比，这些新技术将给人力资源管理工作带来前所未有的改变。

目前，在人力资源管理工作的各个环节已经可以看到新技术的身影。

1. 绩效管理领域，有实时反馈 APP

多数传统企业每年进行一次绩效考核，大部分采用制表的方式，少数企业用 Excel 来做。但是反馈效果并不好，不利于日常跟踪和实时绩效记录，因此，常常是到年底评绩效时，大家都忘了该员工做过什么，只能凭印象打分。

而今，绩效实时反馈 APP 已经出现。它是一种社交网络工具，鼓励员工参与和进行实时绩效反馈。

2. 在组织沟通方面，有组织沟通与文化互动软件

一年一度的员工满意度与员工敬业度调研的价值正在减弱，而一系列新的工具正在出现。它们的目的是帮助直线经理更好地了解员工对组织的评价与建

议。评估工具鼓励员工更为实时的定期反馈，以此促进更有效的组织沟通。

3. 人力资源分析与预测工具出现

传统的 HR 数据分析还停留在 Excel 和 PPT 的运用上。而未来，这一领域将出现各种基于大数据的新工具。直线经理要有能力收集和分析数据，然后制定有效的人才获取、保留与发展策略。

人力资源的各项流程如员工参与、工资、考勤、培训等均可以采用新工具进行数据分析，如直线经理可以运用考勤去分析员工离职的可能性。

4. 员工晋升发展方面，数字化互动平台出现

麦肯锡公司一直在思考如何制定个性化的员工参与和保留计划。它的建议是运用数字化平台把正确的人放在正确的工作岗位上，找出技能差距，帮助员工获得新的能力，从而更好地关注员工的职业发展路径，并为企业培育下一代企业领导者。

8.2　非人力资源管理与大数据分析

大数据在人力资源领域的影响比我们认知到的还要广。未来的人力资源管理者可以依赖大数据，几乎如同今天的"90 后"依赖手机一样。这绝不夸张，大数据将渗透到人力资源管理工作的每个环节。

8.2.1　大数据时代的人才搜寻及先进技术

事实上，直线经理们早已意识到了仅靠直觉和经验招聘是不够的，也曾借鉴人才测评、人才模型、九型人格等工具。但是，这些工具都无法与大数据比拟。

　　某公司的业务经理若想招聘一位新型业务人员，那么按照传统的招聘方法，其该怎么操作呢？

　　传统的做法：一是去人才招聘网疯狂搜索简历，顶多利用平台自带的关键词功能筛掉一些不合格的简历；二是请同行或公司内部员工帮忙推荐；三是联系猎头帮忙找人。

　　虽然只招聘一个人，但工作量非常大，业务经理需要浏览大量的简历，面试大量的人，然后把相对符合要求的人员推荐给上级领导做进一步面试。这个过程可能耗时很长。面对海量的简历寻找合适的人员，无异于大海捞针，非常累。

　　懂得使用大数据的部门经理，其做法如下。

　　首先进入公司人力资源管理数据系统，点开储备人才库系统（未来的大数据可能是高度共享的，点开的可能不只是企业的数据库，而是全国乃至全世界共享的云数据库），按照对目标岗位的理解，输入相应的搜索关键词，包括职位名称、管理层级、工作经验等，出现了若干人选。

　　之后，进一步增加搜索关键词，如曾经管理过的团队规模、是否有操作新型项目的成功经验等。通过不停地增加关键词，简历匹配越来越精准，甚至可减少到个位数。

　　随后，用同样的方法筛选专业猎头公司提供的简历，再次获得几份不错的简历。

　　之后，基于对数据库的分析，对这些简历进行排序，如薪酬期望值排序、成功经验排序、创新度排序、新项目适应度排序、多背景企业工作适应度排序、曾供职企业对其信用评价排序等。

　　最后，该部门经理获取了总计不到 20 份的简历。

　　简历未必是一个人最真实的体现。接下来，他会调出这些人在社交网络中的大数据，对他们的价值观、社会关系、过往同事在社交网络中对其的评价等进行分析，以深层评估他们与岗位、企业价值观以及直属上司的契合度等，再进行一轮筛选。

最终，他确定了不到 10 份简历，并安排面试。

总结新的招聘过程，可以形成如下关于大数据技术应用价值的结论。

（1）有了大数据的掌控，人才的选择范围更广，质量更高。

（2）基于大数据的筛选，与人力资源管理有关的基础工作量（筛选和阅读简历）大大减少。管理者可以将更多精力花在能产生更高价值的地方（对精准人才进行深度筛选和匹配）。这样，管理者所做工作的价值感和重要性大大提升。

（3）社交网络、生活层面的大数据能够促成人才和企业更深层次的匹配（价值观、职位的潜在要求、人才的潜在气质和品质等）；人才与企业、职位可以达到更高层次的契合；人力资源管理在招聘上将不再只是打杂，而是真正有了自己的核心价值。

（4）耗时更短，效率更高，大大降低了招聘成本，能够及时满足企业的用人需求。

8.2.2　人才的甄选预测分析

人才培养方面一直存在一个两难的困局：人才想成长，却找不到正确路径；直线经理想帮助人才成长，却苦于无从下手。面对绩效差又特别努力、渴望进步的员工，直线经理的内心也相当无力，若直接开除，则既不人性化也将增加招聘成本。何况，换人也同样存在风险。

于是，直线经理只能寄希望于一次又一次的面谈，结果却收效甚微。

实际上，对于大部分经验不足的员工而言，其职业成长都是盲目的。他们既不清楚当前的岗位是否适合自己，也不清楚自己的职场竞争力究竟如何，还不了解自己最需要提升什么，只能盲目寻找新机会，或者在企业中逐渐被边缘化。这些问题都有可能借助大数据技术解决。

职场新人小王在某企业担任了两年的基础职位后陷入迷茫期，他想发展，想提升，想有更大的进步空间，却无从下手。他想跳槽，又拿不定主意。于是他的工作热情大减，每天都在混日子。

面对这种情况，直线经理该怎么做呢？

传统人力资源管理的做法如下。

面谈，但沟通存在很多障碍。

其一，对有些东西，小王不好意思说实话，致使直线经理很难得到全面的信息；其二，沟通中的漏斗效应，致使直线经理会遗失一部分有效信息；其三，沟通的双方容易出现逻辑混乱，致使直线经理很难得到系统的信息；其四，直线经理自身的经验和阅历有限，凭直觉给出的判断未必正确。

因此，传统人力资源原理的方法在面对这类情况时，能够辅导成功的并不多。

懂得使用大数据的直线经理，其做法如下。

首先，直线经理调出了行业竞争力大数据，让小王自行测评，通过各项数据的输入和匹配，包括工作年限、职位、自身掌握的工作技能等，最后得出结果：在全国数十万从业者中，显示他的竞争力排名处于中等偏下水平。

接着，直线经理引导小王进行了岗位匹配度测评，在输入该岗位的一些关键数据后发现，小王的岗位匹配度和胜任力很好，在数十万名同行从业者中处于领先位置。

这就排除了小王调岗的可能性。

接下来，直线经理引导小王进行岗位关键能力测评。该职位有四大关键能力，小王一项领先、两项居中、一项落后。这样就确定了小王需要提升的关键方向。

接下来，直线经理调出急需提升的那项关键技能的大数据。数据显示，在同行从业者中，有50%的人通过持续学习提升，有30%的人通过加入专业圈提升，有12%的人通过寻求专业指导提升，只有8%的人通过"跳槽"提升。

到这里，直线经理成功说服小王放弃了"跳槽"的想法。

通过比较，小王决定通过持续学习的方式提升。直线经理调出了持续学习的那部分同行的大数据，帮助小王找到了效率最高的学习方法。

接下来，直线经理调出了该职位的发展空间大数据。通过分析，小王发现该职位主要有三大发展路径，其结合自身情况，通过大数据匹配自身胜任力，选择了最适合自己的路径。

最后，直线经理调出了此条职业路径的大数据，并同小王一起分析适合他的提升方式。

经过这一系列分析，小王对自己的未来发展充满信心，也确信该企业能够帮助他实现自己的职业梦想，同时对自我提升的方向和方法也了然于胸，工作热情空前高涨，业绩不断提升。

8.2.3　利用大数据来明确当前人员的薪资激励情况

给出合理的薪资水平以及根据员工的能力适时调整薪资，对直线经理来说并不是一件容易的事。当前求职市场上涨薪最快的方式不是来自企业内部，而是来自跳槽，这恰恰反映了直线经理工作中的缺陷。

由于不清楚本企业的薪资水平在全行业中的位置，不清楚本公司的各项福利、保险是否发挥了激励作用，所以传统的直线经理很难对薪资水平做出客观的、全面的评估。

某位技术人员要求涨薪，并给出了自己涨薪的理由：随着技术水平的提升，他在工作中承担的责任比过去大得多；另外，他还列出了自己的贡献成果。

面对这种情况，直线经理该如何操作呢？

传统人力资源管理的做法如下。

直线经理拿出公司内部的薪酬制度甩给该员工，指出目前他的情况不符合调薪的硬性标准。还有的直线经理会跟领导商量，酌情涨薪，但是不确定具体能涨多少，又怕领导和财务部门不批，只能跟员工讨价还价。

掌握大数据的直线经理，其操作方式是这样的。

通过收集该员工的各项大数据，对该员工的能力和岗位贡献做出合理评估；再将这些数据输入总数据中，评估该员工的能力在从业者中处于怎样的水平；调出全国从业者中不同层级的薪酬分布情况，以判断该员工目前的薪酬水平是否合理。

可能还会调出与员工价值观、贡献度相关的数据做更全面的评估；还会假定该员工离职并计算可能会造成的成本损失（招聘、新员工培训、项目中断等），作为决策的辅助依据。

最后，直线经理倘若认为不符合调薪的情况，可以用数据说服该员工；倘若应该调薪，对具体该调多少也已了然于胸，也可以用数据说服相关薪酬决策人。

不仅如此，有了大数据，直线经理对员工的贡献、喜好、潜在需求了解得更加透彻，激励就可以做到有差别、有惊喜。

8.2.4　通过大数据优化选拔和晋升通道

过去，人才选拔和晋升主要来自业务部门领导的建议，HR 几乎很难有所作为。业务部门主要凭感觉和个人喜好做出晋升决定，容易造成不公平、难以服众、打击士气等不良后果，因为对晋升不满而离职的高绩效员工比比皆是。

有了大数据，HR 对员工的专业能力、团队合作能力、管理能力、与企业价值观契合度、抗压能力、发展潜力等有了充分的掌握，可以在人才选拔上给出自己的专业建议，甚至可以让人才选拔变为企业内的公开公平竞争。

大数据可以被运用到人力资源管理工作的每个环节。除此之外，大数据在很多细节上还有许多有趣的、不可思议的应用。

通过检测员工一段时间内的大数据，可以准确预测出该员工将会在不久后离职。例如，该员工近期特别关注长途旅行的信息，在各种与旅行相关的 APP 上逗留的时间很长，在旅行相关的话题上跟网友互动最多，甚至购买大量与户外旅行相关的物品等。

通过分析管理层和员工互动的大数据，可以判断管理层的敬业程度及管理效率，甚至以此为依据给出业绩提升方面的建议。

总之，大数据对人力资源管理的影响将会是空前的，至少有以下四个方向值得从业者密切关注。

（1）用于"选、育、用、留"各个环节中，实现人力资源管理的定量化、科学化，让人力资源工作可测量、可记录、可分析、可改善，彻底改变直线经理的工作方式。

（2）直线经理与HR通力合作，HR的价值感大大提升，更加接近核心决策层；HR"成为业务部门的战略合作伙伴"的理想终将在大数据时代得以实现。

（3）人力资源全产业链发生巨变。包括企业人力资源部门、猎头机构、咨询机构、招聘中介机构、培训机构、服务机构等在内的产业链上下游需要共享数据，颠覆过去甲方和乙方的传统关系，成为共享关系乃至合作伙伴。

（4）人力资源管理本质中的艺术性和灵活性不会改变，不会变成和财务部门一样的纯科学工作。无论大数据的量化分析技术变迁到何种程度，无论对职场人的刻画模型有多么精准，人力资源管理在本质上仍然部分是艺术、部分是科学。这是由人的复杂性决定的。未来的人力资源管理要达到的目标是：在大数据技术的支撑下，让科学的部分尽可能科学，让艺术的部分更加智慧。

后记　迎接非人力资源管理新时代

过去一提到职场，人们想到的往往是生产线上的工人。那时的员工（工人）工作局限性很大，个人只负责生产线上的某个环节。因此，员工对企业的依附程度也很高，一旦离开了工厂或者更换岗位，一切都要从头开始。

当下，职场已经大不相同，传统的聘用方式正面临着巨大挑战。员工的个体价值迅速提升，而企业从主导角色转变为组织和协调的角色。人才将成为未来职场的主角，在企业提供的舞台上发挥自己的才能。

近年来，企业的人力资源管理工作所面临的最棘手的问题就是人员流动大，留不住人才。其实，我们通过调查不难发现，就算拥有薪水高、福利好等多方面优点的企业，也有人会离职。为什么薪水高、福利好的公司还有人要离开呢？

问题的症结不在公司而在管理者身上。这是因为，员工无法忍受一个不通人情、要求极度完美的"经理"，无法忍受一个总是负面批评别人的"经理"。因此，按照企业内部门离职率排名，那些常常垫底的部门经理可能就是没有做好人力资源管理的人。

相对于"70后""80后"来说，"90后"的"闪辞"确实是现代职场中的"新风景"。其实，"90后"有很多新潮的想法和观点，也并非不通情理。一线部门经理要掌握最新的时代脉搏，从人力资源的关心、帮助计划切入，与他们共同学习，去理解正在不断发展的世界，才能一起发力，高效完成工作。

随着企业制度的不断完善，人员的流动率自然也随之下降。作为直线经理，若一味地认为自己是对的，无异于排斥年轻人。直线经理应该在尊重中理解，在理解中调整不合理的地方，具备"懂人、带人"的能力，才能带出稳定优秀的团队。

在互联网时代，直线经理作为企业的中坚力量，在人力资源管理方面也迎来了全新的管理时代。自媒体运营者、罗辑思维创始人罗振宇说："互联网时代的 U 盘式生存方式（自带信息、不装系统、随时插拔、自由协作）将成为个体在职场崛起的主要方式。"

在转变自我的过程中，如何打造高绩效团队、吸引优秀人才，依然是直线经理最关注的话题。

学术研究报告显示，人力资源管理技巧是优秀经理人的必备素质。如果能让每位一线部门经理透过观念的澄清，理解正确的做法，提升日常管理能力，其专业技术能力水平也会相应提高。

通用电气公司的杰克·韦尔奇非常重视下属（很多人后来也成为通用电气的中层管理者）的培养，其甚至认为对高层管理者来说，对下属授课就是自己的本职工作，是一种自然而然的行为。对通用电气公司的每个管理者来说，人才培养都是自己必须尽到的责任，甚至是绩效考核的指标。因为每位管理者当年都是被上级领导苦心教导成才的，他们十分感激"师傅"的教诲。现在他们有机会把自己会的技术和知识传授给别人，在他们看来，这是一种荣耀。

直线经理只有不断提升自己的管理能力，不辜负上级的期望，努力学习再分享付出，才能建立起成长发展良性循环的团队。

总之，如今的直线经理要想在人力资源管理上有所建树，就要越来越多地接触新鲜事物。尤其是在数字化的互联网时代，直线经理要充分利用一切手段提升自己的实力，并重视对下属的培育和传承。

未来将是人力资源的时代，未来的人力资源管理大有可为。未来，直线经理若做好人力资源管理工作，将会创造更大的现实价值。